SHANGHAIJIAOYUCONGSHU

上海教育丛书

学与教的变革

问题化学习20年

王天蓉　徐　谊　著

上海教育出版社
SHANGHAI EDUCATIONAL
PUBLISHING HOUSE

《上海教育丛书》历届编委会

总　序

建设一流城市，需要一流教育。办好教育，最根本的是要建设好教师队伍和学校管理干部队伍。

在长期的教育实践中，上海市涌现了一大批长期耕耘在教育第一线呕心沥血、努力探索，积累了丰富经验的优秀教师；涌现了一批领导学校卓有成效，有思想、有作为的优秀教育管理工作者。广大优秀教育工作者教育教学和管理工作的经验，凝聚着他们辛勤劳动的心血乃至毕生精力。为了帮助他们在立业、立德的基础上立言，确立他们的学术地位，使他们的经验能成为社会的共同财富，1994年上海市领导决定，委托教育部门负责整理这些经验。为此，上海市教育局、上海市中小学幼儿教师奖励基金会组织成立《上海教育丛书》编辑委员会，并由吕型伟同志任主编，自当年起出版《上海教育丛书》（以下称《丛书》）。1995年上海市教育委员会成立后，要求继续做好《丛书》的编辑出版工作。2008年初，经上海市教育委员会领导同意，调整和充实了《丛书》编委会，并确定夏秀蓉同志任执行主编，协助主编工作。2014年底，经上海市教育委员会领导同意，调整和充实了《丛书》编委会，确定尹后庆同志担任主编。《丛书》的内容涵盖了基础教育和中等职业教育的各个方面，包含有较高理论水平和学术价值的著作，涉及中小学教育、学前教育、师范教育、职业教育、校外教育和特殊教育，以及学校的领导管理与团队工作，还有弘扬祖国优秀文化、促进国际教育交流等方面的著作，体现了上海市中小学教育改革与发展的轨迹，体现了上海市中小学教育办学的水平与质量，体现了优秀教师和教育工作者的先进教育思想与丰富的实践经验。《丛书》出版后，受到广大教师、教育工作者及社会的欢迎。

　　为进一步搞好《丛书》的出版、宣传和推广工作,对今后继续出版的《丛书》,我们将结合上海教育进入优质均衡、转型发展新时期的特点,更加注重反映教育改革前沿的生动实践,更加注重典型性、实用性和可读性。希望《丛书》反映的教育思想、理念和观点能起到抛砖引玉的作用,引发大家的思考、议论和争鸣;更希望在超前理念、先进思想的统领下创造出的扎实行动和鲜活经验,能引领当前的教育教学改革工作,使《丛书》成为记录上海教育改革历程和成果的历史篇章,成为广大教师和教育工作者的良师益友。限于我们的认识和水平,《丛书》会有疏漏和不尽如人意之处,诚恳地希望广大读者提出宝贵意见,帮助我们共同把《丛书》编好。

《上海教育丛书》编委会

序

　　问题化学习是一项整整坚持了二十年的研究。这么长时间的研究实践探索，整个团队始终坚守初心、砥砺前行，而且每个阶段都有突破，都有进步，已经获得了在国家教学成果评定中得到充分肯定的阶段性成果，这是非常不容易也非常令人欣喜的。今天我们看到的这本书就是问题化学习二十年来研究和实践的概括，它既是问题化学习研究团队长期实践成果的展示，又是在实践基础上所进行的经验梳理和理性总结。

　　在落实立德树人根本任务、进一步深化课程改革的今天，要想把我们的课堂从以知识为本的传授转变为以核心素养为本的教学，把以讲授为中心的课堂转变为以学习为中心的课堂，必须大力推进学习方式和教学模式的改变。这是因为学科素养的落实不仅要靠教学内容的选择和变更，还要基于以学习方式和教学模式变革为根本的系统改进与深化。我们不能不看到，在当下的教学中，知识灌输和技能训练仍然是教师教学实践的基本方式。在高利害考试评价的导向和作用下，教师往往陷入纯粹的对"知识点"落实的追求，学科内容被碎片化、断点化，许多教师的课堂教学内容既不体现学科内容的逻辑完整性，也不体现知识体系的要素关联性，从而导致学习者仅仅关心与知识点相关的局部结论和考试要求，忽略了很多具有学科知识意义的内容。要想真正实现学习方式和教学模式的改变，需要深刻理解人是如何学习的，需要回归学习的本质，回归对于问题的探求。在这个过程中，教师既要让学习者实现对外部世界的探求，又要让学习者实现对自身精神家园的建构，这应该是我们学习的本意。因为学习不再只是"把外部世界的知识装进我的脑袋里去"，而更应该是个体在持续地自主发现问题和解决问题中探索世界、认知自我、发展理性的过程。问题化学习的价值就是在学科知识建构与问题解决能力培养之间找到了一条结合之路，从而彰显了学习的意义。

纵观国际、国内的课程改革，处理好学习的内容、学生的学习方式、教师在学生学习过程中的作用三者的关系，并建立起"学习的意义"，始终是一个关键问题。我们欣喜地看到，问题化学习的教学倡导以学术学习为主线来设计，使学生的学习得以真实地发生和展开。问题化学习试图以认知建构的方式，让学生在学习中，在对系列问题的追寻中逐渐形成一种知识结构与认知结构——从低结构到高结构，从本学科的结构到跨学科的结构，从知识世界到真实世界——在问题与问题的联系中进行知识的碰撞，进行知识与知识之间、知识与经验之间的联系，进而逐步在对客观世界的探究中建构起属于自己的主观世界。这是问题化学习作为一种变革课堂、实施课程的方式的独特价值。

其实，问题化学习是有历史渊源的。孟子有一个主张，即"自求、自学、自得"，这是他在学生讨论问题时提出来的观点。更早的时候，孔子在《中庸》里提出了学习的五个方面，即"博学之，审问之，慎思之，明辨之，笃行之"，这五个方面被称为"为学之治"，其中就包含了对问题的探究。后来，朱熹认为，"读书无疑者，须教有疑""小疑则小进，大疑则大进，无疑则无进"，可见，"疑"（问题）对于学习者的领悟具有不可替代的功能。现当代教育家陶行知说得明白："发明千千万，起点在于问。"叶圣陶则提出："学生不胜了解的文章、书本，要使他们运用自己的心力，尝试去了解。"可见，今古先贤都重视学习过程中的问题意识和以问题为纽带的教学，这些认识同样受到西方知识人的重视。亚里士多德认为，"思维是从疑问和惊奇开始的"，这说明疑问在学习中具有重要的地位，爱因斯坦则坦承，提出问题比解决问题更重要。没有问题，就没有进步。为什么东西方的教育先贤都关注学习中的问题？这是因为我们生活在一个充满问题的世界，问题无处不在。人类学习的价值主要体现在"发现问题"和"解决问题"上。一个人能否进步，体现为他能否面对问题，有多大的潜能去发现问题，现有的答案未必能满足他的好奇心，难以刺激他持续学习。只有面对问题时，才能像苏格拉底所说的那样："没有一种方式比师生之间的对话，更能提高沟通能力,更能启发思维技能。"教师在课堂上形成了很多问题去激发学生的思维和讨论,或者说学生自己在真实情境中发现了很多问题,而且问题没有固定的、所谓的"正确答案",学生可以各抒己见,教师乐于评论,师生界限趋于模糊,我们的教师更像是引导者、助学者,这样的景观应是教育的化境,也是中外教育先贤所倡导的教育追求。

从中外大哲学家、大教育家的教育实践或论述中,我们可以找到问题化学习的历史与文化渊源。不难发现,提出问题对于个体的成长与进步,对于社会的发展与创新,是多么重要!有观察者指出,中国学生在国际学生共同学习的过程中,老是没有问题,总是等着教师给讲解、给答案。如果学习者在学习过程中老是提不出问题,对知识的把握难免肤浅,也难以形成主体意识。这就需要我们回归孩子的天性并不断点燃他们的智慧。有人说,提出一个问题往往可能预示了一个伟大的发现,因此,学习中的问题是所有科学发展的起点,是科学研究的灵魂。学习中的问题能给学习者建立起主动的学习意义,成为他们探索世界、认识社会、发现自己的动力源泉,成为他们实现自我觉醒与心灵成长的原生力量。科学和知识的增长,永远来自于问题——越来越深化的问题,越来越能够启发新问题的问题,正是这些源源不断的问题,更新了我们对世界的发现。

问题化学习在当代的现实价值在哪里呢?人工智能时代,大家在预测:"有多少岗位,未来可能会不存在?"人类重复的劳动、机械的劳动,按照一定规则去进行的劳动,都有可能被替代。因此,在这个时候,全世界都在考虑:"我们的教育要培养人的什么能力与素养,才能让他们在未来立于不败之地?"面向未来,我们要培养学生解决复杂问题的能力,培养学生社会与情感方面的能力,培养学生的批判性思维能力和创造力。而问题化学习,正是在源源不断的新视角、新发现、新思考、新行动中释放学习者不竭的创造力。

问题化学习初步实现了三个"贯穿",即贯穿学科知识结构的形成过程、贯穿认知结构的建立过程、贯穿问题解决能力结构的建构过程,更重要的是,问题化学习回归了教育的本原——学习者主体精神的确立。因为一个面向未来的问题化学习者,不是冷淡的旁观者,而是主动的探索者,当他发现了许许多多的

"为什么"，并且通过付诸行动，寻找到这些问题的答案时，在他身上就会像由火花燃成火焰?? 样，产生许许多多属于他自己的思想和情感火种，他本身也会养成独立思考的习惯。

问题化学习研究已经坚持了二十年。一项教育研究和实践要想真正体现它的成果，肯定不是短时间内能完成的。我赞赏和钦佩做这项研究的团队，这是一个勇攀珠穆朗玛峰的团队，在新的时代，面对我们的课堂从以知识为本转变为以核心素养为本这样一个基础教育教学改革中光荣而艰巨的任务，我们看到问题化学习研究团队的同仁在努力追寻教育的规律、追寻人的学习规律，力求让我们今天的学习、在有限时空里面的学习能够获得更大的成果。

毋庸讳言，以问题化学习为主题的研究，问题不会断，研究也不会断，我们需要继续思考和探索如何统筹学科知识体系的建构、学生学科素养的发展、学生真实问题解决能力的培养，这是一个永无止境的追求过程。如何使学生的学习状态不仅仅停留在一般意义上，了解知识的描述性意义，而是从人的发展角度去把握人类知识背后的文化精神，从而使每个学生通过这样的学习实现自己的人生价值，这样的目标从来都是为理想奋斗者奏响的华美乐章。有理由相信，问题化学习继续进行探索的未来一定会像过去二十年一样，给我们带来新的成果。

上海市教育学会会长

上海市教育委员会原副主任

目　录

第一部分

从一个课题到一种行动

要坚持在最常见的学校解决最常见问题的过程中,坚持不懈地推进课改,进而落实优质均衡的目标;在最常见的学校解决最常见的问题中,持久地追求和培育教师深厚而扎实的专业功力。

——尹后庆:"新课程背景下学校的新使命"主题演讲(节选)

第一章 攻克教学改革实践难题

《中国教师报》记者有一次采访我们问题化学习团队,问了这样一个问题:是什么让你们坚定了"问题化学习"研究之路,其中有什么关键事件和关键人物? 面对这个问题,我们一时不知道该怎么回答。事实上,我们很清楚问题化学习从哪儿来——从祝智庭教授的"创新教育猜想"而来,要到哪儿去——"让学生不仅能解决问题,还善于发现问题",然而,我们也发现,让我们这个群体坚持 20 年探索,坚定"问题化学习"研究之路的,不是某个、某些关键事件或关键人物,而是那两种看起来如此普通、如此常见,并且普遍存在于我们学校教育、课堂教学中的关键行为——学和教。在试图去认识这两种关键行为并解决那些看似普通得不能再普通的问题的过程中,我们深感学识的浅薄、探索的艰难,却又乐此不疲并真切地感受到了教育的复杂和深刻、师生的可敬和可畏,以及研究的价值和力量。

第一节 最常见的问题

对于一项研究来说,我们总是聚焦问题的解决,也总是从问题出发。如上所述,问题化学习是一项从学校、在学校、到学校的扎根研究,致力于回应师生最常见和最普遍的问题。那么,我们聚焦的是哪些最普遍和最常见的问题呢?

一、学生困惑:老师的问题从哪里来

还记得儿子上初中的时候,虽然总体成绩还不错,但是语文学习一直是个老大难的问题。有一次,孩子在语文考试中又考了六十几分。在与孩子沟通时,孩子说了这样一句话:"从小到大我一直有一个疑惑,为何语文课上有那么多无聊的问题!"孩子举了例子,比如语文课上老师让同学们回答"文章

为何要这样写,这样写有什么作用",但许多同学(包括他自己)都怀疑,或许作者都没有想过这个问题。接着孩子又追问:"老师的问题是从哪里来的?教材上的问题又是从哪里来的? 解决这些问题对我学好语文有何意义?"

当时,我们没法解答他的困惑。大概半年后,儿子放学回家兴高采烈地告诉我们,他今天知道了什么是特级教师。那天,一位退休的特级教师到儿子的班级上示范课,上的是朱自清的《背影》一文。这位老教师让学生看着标题,先学会提问,比如,文章名为什么要叫《背影》,这是"谁的背影",作者为什么要写"背影"……带着这样的问题,学生去课文中寻找答案,接着又会产生新的问题,比如,为什么要三次写背影,每一次写有什么不一样,作者通过不一样的写法想要表达什么……就这样,在不断地发现问题和解决问题中,一篇课文就学完了。

这节课消除了儿子内心多年的疑惑——"我终于知道语文课的问题从哪里来了,看来,学习语文不仅要知道作者写了什么,还要知道作者是怎么写的,为什么要这样写;学习语文不仅要感同身受,还要学会传情达意。原来,语文学习就是学会发现问题和解决问题!"

于是,我们鼓励孩子去研究老师的问题,在数学课和物理课上研究科学家的问题是从哪里来的,学会从科学史的视角去研究。这对孩子后来的学习产生了巨大的影响,他不仅克服了语文学习方面的困难,还自学了感兴趣的高中与大学物理知识,高中毕业后被保送进入清华大学的电子工程专业学习,如今已经是芯片行业的研发人员了。用孩子自己的话说:我的理想就是将来要有自己的产品,而新产品就来源于"对问题的发现"!

我们孩子也许是幸运的,因为他遇到了那位特级教师,也最终理解了问题与学习的关系,而普遍的现实情况却并非如此。在我们所做的一项初中学段学生学习状况调研中,我们发现,80%的学生没有建立起教师的问题与个人学习意义之间的联系,上课时被动解答老师提出的问题。用孩子们的话说:"上课就是老师提问,我们回答问题,我们回答不出,老师就自问自答。"也许,我们孩子那时候的疑惑是普遍的:老师的问题是从哪里来的? 解决这些问题对我学好这门学科有什么意义?

二、教师困难：如何胜在当下赢在未来

在与很多教师一起"战斗"的岁月中，最常听见他们抱怨的，就是学生不好学、不会学、学不会。自 20 世纪 90 年代开始的这两轮基础教育课程改革，其推进力度不可谓不大。然而，在学校实践层面依然存在着"重智轻德，单纯追求分数和升学率，学生的社会责任感、创新精神和实践能力较为薄弱""教师育人意识和能力有待加强"等问题①。事实上，当下我们基础教育学校的课程结构与体系确实得到极大的改善和优化，但学科课堂教学却似乎依然变化不大。知识灌输和技能训练仍然是课堂的基本内容和教师教学的基本方式，学生总体上不爱学习和被动学习的局面并未从根本上改变。我们也试图通过丰富课程的类型，采用多种课程评价的方法，倡导新型的学习方式，来改良学校教育教学生态，改进课程实施行为，但在各种功利需求、现实矛盾和实践障碍面前，学校和教师最终大多是"说说激动""做做不动"。这里最核心的一个问题，就是如何解决好学生现时考试与未来发展兼顾的问题。就基础教育最本质的特征也是学校最重要的使命——夯实基础而言，在知识体系良好的学科教学中如何既兼顾学科知识和技能系统性获得，又保障知识技能获得过程中学生主体精神、思维能力、科学方法等关键能力和必备品格等得到持续发展，即在有限的时间内如何让学生做到学科学习基础扎实、能力出众、素养全面，这既是构筑课堂变革共同愿景的前提条件，也是当下深化改革，开展教学研究绕不开的问题。

三、改革目标：培养适应未来的终身学习者

联合国教育科学及文化组织（United Nations Educational，Scientific and Cultural Organization，以下简称联合国教科文组织或 UNESCO）在 1996 发布了著名的《德洛尔报告》（Delor's Report）——《教育——财富蕴藏其中》，提出了终身学习的四大支柱——学会求知、学会做事、学会共处、学会生存，并于 2003

---

① 中华人民共和国教育部. 教育部关于全面深化课程改革落实立德树人根本任务的意见［EB/OL］.（2014－04－08）［2023－02－27］. http://www.moe.gov.cn/srcsite/A26/jcj_kcjcgh/201404/t20140408_167226.html.

年进一步提出了"学会改变"的主张——以促进个人、组织与社会顺应及引导变迁的能力，并将其视为终身学习第五支柱①。德洛尔报告被广泛认为是全球教育和学习的重要国际参考，对此后世界范围内许多国家的教育政策讨论和决策产生了重大影响。该报告首次提出教育的目标在于发展学生的核心素养。自此以后，包括联合国教科文组织自身在内的一些超国家组织（如欧盟等），以及众多发达国家、经济体和专业组织展开了轰轰烈烈的 21 世纪学习（learning for the 21st century）、终身学习（life-long learning）和全民教育（education for all）视域下的核心素养、关键技能的框架研究。他们聚焦指导性、可操作性和可评估性，着力探索知识经济时代，如何培养人以及培养怎样的人等问题。最早发布核心素养框架的经济合作与发展组织（Organization for Economic Co-operation and Development，以下简称经合组织或 OECD）认为，学生核心素养的发展不仅是教育事件，也是生命历程②。它倡导学校和教师层面跨学科课程的开发与教学，强调核心素养发展与传统课程教学的融合。这种融合，可以通过改进课程教学的设计来实现，如增强学习内容的生活化和情境性；还可以通过改进课程实施的方式方法来实现，如更加关注学生习得的过程（procedures of acquisition），关注学生的社会心理资源，包括认知的、语言的、情感的和动机的。在评价方面（如 PISA），经合组织重点强调对学生知识与技能的综合运用能力、高阶思维、跨学科学习能力、真实问题解决能力等的评价，也强调对学生学习动机、情绪与元认知能力等的评价。

事实上，虽然始于 21 世纪初的本轮中国基础教育课程改革，在改革之初并没有明确提出发展学生核心素养的课改目标，但"以学生发展为本"的理念和"转变学习方式，培养综合学力（强调创新精神的培养和实践能力的提高）"的目标，显然有着与国际上基于核心素养的改革运动一致的取向和追求，也成为当下深化课程改革的行动基石。在过去的十多年中，我们通过综合化、结构化课程来破解学生综合学力提升的问题，通过开展基于真实问题的学习来引导学生

---

① UNESCO Institute for Education. Nurturing the Treasure: Vision and Strategy 2002 - 2007 [R]. Germany: Hamburg, 2003.

② Uri Peter Trier. 12 Countries Contributing to DeSeCo -A Summary Report [R]// D.S. Rychen and L.H. Salganik（eds.）. Key Competencies for a Successful Life and a Well-functioning Society, OECD, 2003.

学会自主、合作和探究学习,培养学生的创新精神和实践能力。客观来说,我们取得了许多有益的经验,但依然存在着许多问题,特别是教考分离以及由此带来的理想与现实两张皮的现象。而这些问题,就成为当下核心素养视域下的重点攻关任务——如何开展素养导向的学与教,如何开展素养导向的评与测,如何确保教、学、评的一致性。

第二节　对问题的元思考

推进课改,问题多挑战大。那么,问题本身又是什么呢?

现代认知心理学认为,问题是指在信息和目标之间有某些障碍需要加以克服的情境。通常,一个问题可以分为客观与主观两方面。问题的客观性,反映问题的客观存在,包括问题的任务领域(task domain);问题的主观性,是解题人对问题的主观理解,也就是问题空间(problem space)。而一个问题又总是以个体特定的理解在头脑中呈现,即问题的表征。问题的表征体现为问题客观性向主观性的转化,即问题的任务领域转化为问题空间。问题空间是问题解决的一个基本范畴,是个体对一个问题所达到的全部的认知状态。它一般包括三个要素:(1)给定(given),是指已经是明确知道的、关于问题条件的描述,即问题的起始状态(initial state);(2)目标(goals),是指关于问题结论的明确的描述,即问题要求的答案或目标状态(goal state);(3)障碍(obstacles),是指问题解决需要的思维活动,即达到目标状态所需的正确的解决方法。

任何一个问题,都是给定、目标、障碍这三个要素的有机结合。

一、问题与学习

德国哲学家伽达默尔说,我们可以把每个陈述都当作对某个问题的反应或回答,而要理解这个陈述,唯一的办法就是抓住这个陈述所要回答的那个问题。这句话几乎阐释了学习的本质。因为我们发现,人类就是在不断发现新问题中解决问题,又在解决问题中发现新的问题,即在对问题的主动求索中,认识自然、发现自我、改造社会。《学习的本质:利用研究激发实践》一书中指出,"高阶思维技能越来越成为当今和未来职场不可或缺的一部分",而"就不同的主题提出有意义的问题""能够识别和解决现实的问题"是与"系统、理性和批判地思考"等一起需要优先考虑的 21 世纪素养①。从这个意义上来说,我们今天要改变教师的教学方式,转变学生的学习方式,首先需深刻理解学习的本质,让学习回归对问题的探求,在问题解决学习中,让学习者增长知识、转识成智,发展技能、适应变化,持续发展理性精神,不断获取精神的力量。

二、学科知识与问题解决

提到赫尔巴特(Herbart,J. F.)的教育思想,我们马上能想到的便是教师中心论和"老三中心",即以教师、课本、课堂为中心。或许,我们还会联想到杜威(Dewey,J.)的进步主义教育思想——学生中心论和"新三中心",即以学生、经验、活动为中心。

赫尔巴特是近代教育史上科学教育学的奠基人,他的教育思想对当时乃至之后的学校教育实践和教育理论发展产生了非常大的影响。赫尔巴特强调教学是一个统一完成的过程,提出形式教学阶段理论,即把教学过程分为明了、联想、系统和方法四个阶段。后来,他的学生齐勒尔(Ziller,T.)和赖因(Rein,W.)又将其发展为五个阶段,即预备、提示、联想、概括和运用。他们为广大一线教师提供了一种更容易理解、掌握和运用的教学模式。此后,苏联教育学家凯洛夫(Kairov,I. A.)又将其演变为五步法,即复习、引入、讲解、总结和练习。在20 世纪 50 年代,中国中小学曾广泛采用这一教学模式,影响直至今日。

第一次世界大战后,西方进步主义教育思潮兴起,赫尔巴特教育思想及赫尔巴特学派的影响力逐渐降低。实用主义的集大成者,现代教育学的创始人之一,美国著名哲学家、教育家和心理学家约翰·杜威批判了传统的学校教育,就教育本质提出了他"教育即生活"和"学校即社会"的主张。就教学而言,杜威提出了"做中学"的基本原则,也就是从活动中学、从经验中学。杜威认为,好的教

---

① Dumont,H.,Istance, D. & Benavides, F. (eds.). The Nature of Learning:Using Research to Inspire Practice[EB/OL]. (2010 - 08 - 09)[2023 - 02 - 07]. https://www. oecd-ilibrary. org/docserver/9789264086487-en. pdf? expires = 1694318732&-id = id&-accname = ocid49026773&-checksum = 09AE962EDBD6E8E7EFECEA3AA9E30197.

学必须要唤起儿童的思维,即明智的经验方法。在他看来,如果没有思维就不可能产生有意义的经验。思维过程可以具体分成五个步骤,通称"思维五步":一是创设疑难的情境;二是确定疑难的所在;三是提出解决疑难的各种假设;四是对这些假设进行推断;五是验证或修改假设。由"思维五步"出发,教学过程也相应地分成五个步骤:(1)创设情境;(2)产生问题;(3)思考和假设;(4)整理和排列;(5)检验假设。

杜威的理论和教育主张似乎有理由让我们相信,近代教育向现代教育转化的一个重要标志是,在教学方面从教师主导的学科知识中心主义到学生主体的经验活动中心主义的演进。然而,正如美国当代教育学家保罗·伍德林(Paul Woodring)所指出的,进步主义强调个体、兴趣、自由以及学习中活动的重要性是正确的。因为在过去,这些都被忽视了。但是,它指责学术科目、学术训练、分科知识的重要性则是错误的。事实上,我们在解决问题的同时,依然需要必要的知识结构。英国数学家通过实证研究发现,如果学习者缺乏数学的良好知识结构,会影响其发现并最终解决问题。认知心理学对专家与新手问题解决能力的研究表明,专家的推理和问题解决能力更强,这是因为他们有着良好组织的知识,包括特定学科的知识体系、特定领域的认知策略,以及应用这些知识的条件、情境与程序,这些知识影响他们对事物的关注和对问题的发现、判断与解决。所以就学科学习而言,帮助学生有效建构学科知识体系对他们顺利解决问题大有裨益。

三、课程改革与学习方式

进步主义教育思潮还催生了现代课程理论。研究者从对课程"由教育目的引发的逻辑推演"的思考和"从经验出发对领悟与设想的浪漫描述"①,逐渐转向聚焦普遍的、通用的行为程序与验证标准的研究,即对课程的研究从"为何"逐渐转向"如何"。其标志是约翰·博比特(Bobbitt,J. F.)的《课程》(1918 年)和拉尔夫·泰勒(Tyler,R.)的《课程与教学的基本原理》(1949 年)的出版。然而,基于科学管理理论的价值底层,遵循工具理性的现代课程设计,让学生的个

---

① 吕立杰. 课程设计的范式与方法——中国基础教育"新课程"设计的个案研究[D]. 长春:东北师范大学,2004:16.

性、主体性和实践中师生的创造性被忽视，从某种意义上来说，与其进步主义的教育主张相背离。到了 20 世纪后叶，随着对分科课程的反思，对课程民主的回应，对学习者经验的关注，校本课程、课程统整等逐步成为课程研究与实践的热点。在一系列新的教育观、教学观、质量观的推动下，围绕学生、社会、学科（知识）这三个课程内容源泉，综合课程、综合实践，以及包括 PBL 等在内的课程教学研究逐步兴起。然而，这些课程的实践却并没有比当年布鲁纳（Bruner，J. S.）等一众"学术中心课程"主义者们更好地回答如何兼顾"学科的实质结构"（即学科特定的知识概念体系）和"学科的句法结构"（即学科的探究方法和探究态度）的问题。

在中国，于 21 世纪初启动的第八次基础教育课程改革（上海称"二期课改"）是以素质教育为基本取向的课程改革，被称为教育思想和课程的一次概念重建。它提出了课程的三维目标，优化了课程结构，除了分科课程，综合实践活动类的课程也得到了强化。上海还提出了基础型、拓展型与研究型三类课程，同时，各类 PBL 教学模式在综合实践活动类的课程中得到了较广泛的应用。然而，上述国际课程教学改革中的问题同样制约着我们的实践——如何融合学科知识体系建构与自主探究学习。

于是，我们需要站在中国的立场思考科学的出路，并探索出自己的实践道路。就问题解决学习而言，国际 PBL 的风险是难以体系化地建构学科知识，而传授式教学的弊病是能力与素养的缺失。学生学得被动肯定是不对的，没有知识体系也肯定是不负责任的。所以，我们要突破的改革实践难题，就是如何通过优化学习方式，让基础教育学段的学生在提升应对未来的关键能力和综合素养的过程中更有效地建构学科知识体系。

四、素养时代与基于问题解决的学习

2015 年，联合国教科文组织发布了《反思教育：向"全球共同利益"的理念转变？》的报告，对知识、学习和教育进行了定义。报告指出，"知识在有关学习的任何讨论中都是核心议题，可以理解为个人和社会解读经验的方法。因此，可以将知识广泛地理解为通过学习获得的信息、认识、技能、价值观和态度。知识本身与创造及复制知识的文化、社会、环境和体制背景密不可分""学习可以理解为获得这种知识的过程。学习既是过程,也是这个过程的结果;既是手段,也是目的;既是个人行为,也是集体努力。学习是由环境决定的多方面的现实存在。获取何种知识以及为什么、在何时何地、如何使用这些知识,是个人成长和社会发展的基本问题""教育可以理解为有计划、有意识、有目的和有组织的学习。正规教育和非正规教育机会意味着一定程度的制度化。但是,许多学习即便是有意识和有计划的,其制度化程度要低得多(如果能够形成制度的话)。这种非正式教育不像正规教育或非正规教育那样有组织、有系统,可能包括发生在工作场所(例如实习)、地方社区和日常生活中的学习活动,以自我指导、家庭指导或社会指导为基础"①。

随着全球化进程的加快和数字化时代的迅猛发展,在教育政策领域,核心素养、21世纪技能等对教育目标和课程标准战略定位产生了影响,引发对问题、项目、情境、跨学科、高阶学习、深度学习等的需求。② 中国八次课程改革,从注重"双基"(即基础知识和基本技能)到强调素质教育,再到现在素养培育的时代,包括中国学生发展核心素养,以及2017年教育部修订的高中各大学科课程标准均提出了每个学科的核心素养目标。

素养时代对学科学习与学生发展提出了新的要求。我们需要重新思考学科学习的必备知识与文化素养,以及在情境中综合解决问题的能力,它们既同等重要又紧密相连。需要进一步强调的是,专家与新手的差异不仅仅表现在一般能力(如记忆力或智力)上,也不仅仅表现在一般策略应用上。专家获得了宽厚的知识,这些知识会影响到他们所关注的事物,影响到他们在环境中组织、再现和理解信息的方式,进而影响到他们记忆、推理和解决问题的能力③。

为了像专家一样有效思考某个领域的问题,新手需要充分了解专业知识,专业知识能够使人们洞察需要解决的问题的本质。那么,接下来,我们需要探究的是,有没有可能通过高阶的学习(加涅的"问题解决")来包裹低阶的学习(概念、规则),从而使问题解决与知识获得成为一个整体;有没有可能通过教

---

①　联合国教科文组织. 反思教育:向"全球共同利益"的理念转变?［M］.北京:教育科学出版社,2017:8-9.

②　夏雪梅. 素养时代的项目化学习如何设计[J]. 江苏教育,2019(22):7.

③　［美］约翰・D.布兰思福特,等.人是如何学习的［M］.程可拉,孙亚玲,王旭卿,译.上海:华东师范大学出版社,2013:27.

师、学生、学科三位一体的关系协商重新思考问题的性质，从儿童中心的风险中走到以学习为基点的理性道路上来；有没有可能通过系列问题的解决，在问题系统化的认知建构过程中融通知识体系与问题解决的学习路径。

第三节　思考问题的新视角

人们对于教学的理解大多是教师通过设问来引导学生进行思考的过程，可谓启发式教学。但事实上，真正主动的学习是从学习者自己发现并提出问题开始的，这是学习的原点。因为由教师的设问来带动的学习，学生即便是主动参与思考，归根结底还是"被主动"的过程。从这个意义上来看，教师要注重引导学生自己发现问题，这是关于学与教问题的新视角。

一、"创新教育猜想"的启示

1984 年 5 月，著名华人物理学家、诺贝尔奖获得者李政道教授在拜访邓小平时，提出了国内大学应该办博士后流动站的建议。邓小平问："博士的知识既然很博了，为什么还要有博士后呢？"李政道解释道：在大学阶段老师出题目给学生做，学生按老师教的方法去答题；到了研究生阶段，老师给学生出了题目，让他们按照各自的想法去解决问题，老师并不一定有预设答案；而在博士后阶段，学生要自己出题目，独立进行研究，这是培养独立工作能力的阶段。[①]

可是，并非每个人都能经历博士和博士后阶段，到了高等教育阶段，再来让学生发现问题，太晚了！为此，华东师范大学祝智庭教授在 20 世纪 90 年代提出了"创新教育猜想"，即通过让基础教育阶段的学生经历"学解老问题—学解新问题—解决疑难题与发现新问题"的学习循环，来寻找创新教育的突破口，祝智庭教授称之为"问题化教学"。2002 年，祝教授通过全国教育科学"十五"国家重点课题"教育信息化的理论与实践模式研究"，在全国十一个省市百所学校开展"问题化教学"实验。我们利用一线教研实践的优势，在中小学开展问题化教学实验。在问题化教学思想的指引下，我们进行了先期的探索性实践。之后在

---

① 齐欣，林娟，佳盈．邓小平与六十人［M］．上海：上海人民出版社，2000：307.

祝教授的指导下,我们申报了"基于网络的问题化学习"课题,该课题于 2003 年被立项为全国教育科学"十五"规划重点课题(国家青年基金项目,课题号:CCA030047)。鉴于中国教师根深蒂固的侧重教的基本状态,我们确立了"以学习为基点"的研究方向,从立项之日起,正式提出"问题化学习"的概念。

所以说,我们把祝教授"创新教育猜想"的思路作为研究起点,一路前行,既继承了问题化教学的研究方式,从单个问题的解决走向探索系列化问题的解决,又脱胎于问题化教学的研究方式,走向问题化学习,建立了以学习为中心的问题化学习方式,而非教学模式,来实现自建构的学习。我们通过学习方式的变革重构教学实践模型、实现课堂转型、优化课程实施并最终走向培育面向未来的问题化学习者。

二、确立以学习为基点的研究方向

现代教育所确立的班级授课制让学科课程的实施主要基于两条主线来进行:一是学生需要获取哪些知识与技能;二是怎样让学生更高效地获取这些知识与技能。就教师来说,前者可以简单理解为处理教材,后来表现为思考教法。因此,我们很多教师对于"如何教"之关切远胜于"如何学",教学研修时更多聚焦教材和教法,并且形成了基于教材和教法的研究范式。就教育研究来说,最重大、最深远的影响在于研究基点的转移。就教育实践来说,最艰难、最深刻的影响莫过于实践范式的重建。无论是当前世界基础教育的教学变革,还是我国本轮基础教育的课程改革,都聚焦于以学习为基点。推动以教学为中心向以学习为中心的深层变革,成为大家共同的努力方向。正是基于对传统学校教育和课程教学的反思,基于对各国基础教育变革与学习科学领域研究的认识,问题化学习研究者确立了以学习为基点、以学习为中心的研究方向,一路伴随本轮中国基础教育的改革,持续融入时代力量,努力构建问题解决学习的中国方案,不负历史赋予当代教育研究者和实践者的重要使命。

三、探索系列化问题的解决

作为一种问题解决学习,问题化学习是基于怎样的一种创新视角来研究、实践并突破的,简单来说,我们研究学习者如何基于系列问题的解决而不是单个问题的学习来调整自身的学习行为,即学习者在解决前一个问题后如何解决后一个问题,前后问题之间有着怎样的联系,系列问题之间又构成怎样的一个整体(即问题系统)。有人也许会问,那为什么要研究系列化问题的解决呢? 打个比方,我们不能只让孩子学习"种瓜得瓜""种豆得豆",而是要让他们明白,当他们种瓜时会不会影响豆的收成。我们不能让孩子只见树木不见森林,而是要让他们知道,种下这棵树,下一棵该种什么树,这棵树与前一棵树又是什么关系,而整个树林在森林中又处于怎样的生态地位。我们希望学习者通过对一个问题系统内诸多问题的持续性解决产生智慧,从而从整体上建构知识体系,并获得举一反三的问题解决能力。系列化问题的解决促使我们从更宏观的角度,从更系统的高度思考问题解决、研究学习如何发生、发展及会获得怎样的结果,这在以往的问题解决学习研究中,往往是被忽略的。

四、培育面向未来的问题化学习者

在《市民与社会》的一期节目中,上海人民广播电台的主持人秦畅老师问:"能说说你们培育问题化学习者的意义在哪里吗?"我们回答:"打个比方吧,我们是希望孩子将来遇到问题的时候,把问题当成一个麻烦,还是希望孩子把问题看作对自己的一个挑战;当孩子面对一个新情境时,我们是希望孩子沿用老的套路来解决问题,还是希望孩子享受这个新问题带来的全新生命体验。这是两种不同的生命状态,我们希望孩子是积极的、有成长性的,并且乐在其中的。"

培养面向未知世界的学习者,真正的学习从发现问题开始,我们着力培育的是面向未来的问题化学习者,也就是面对不可预测的世界时具有主动适应性能力的人。其关键能力与必备品格包括学生面对未知世界所表现出来的好奇心与学习热情、觉知洞察力与问题解决力。因此,问题化学习者是学习的自主建构者、问题的合作解决者与人生的自我教育者。

第二章　以学习为中心建构解决方案

问题化学习(Problem-Systematized-Learning)作为本土建构的理论成果，其广义的问题解决适用于不同知识类型的学习，实现了学科逻辑顺序与学生心理顺序的沟通：一是依托三位融合(即以学生的问题为起点、以学科的问题为基础、以教师的问题为引导)聚焦核心问题，让学习者在追求个人学习意义的同时实现学科素养的共同目标；二是依托问题系统化，让学习者在持续解决问题中建构学科知识体系，发展高阶思维，实现学习经验多维度结构化，使素养得以落地。

第一节　理念价值的重塑

发现问题与解决问题是学习者学习的基本活动形式。就学科学习而言，问题化学习是指学生、教师、学科(文本的作者、故事中的角色、历史人物、历史学家、自然定律的发现者)之间基于问题发现与解决的持续对话的过程，以"问题"延展学习内容，融通学习领域，实现对教材的超越，以"问题的演化"突破学习时空，实现科学世界与生活世界、物质世界与精神世界的有意义联结，使学习更具有生活的意义与生命的价值。

一、问题化学习的概念界定

问题化学习是指学习者在情境中自主发现并提出问题，聚焦核心问题，持续探索追问，形成问题系统，独立及合作解决问题的自我建构学习过程，其显著特征是通过系列问题来引发持续性学习的活动。它要求学习活动以学习者对问题的自主发现与提出为开端，用有层次、结构化、可扩展、可持续的问题系统贯穿学习过程和整合各种知识，通过系列问题的解决，实现知识的整体建构、学习的有效迁移与素养的逐步形成。

二、"化"的内涵

从词源学意义去剖析：化，后缀，加在名词或形容词之后构成动词，表示转变成某种性质或状态，如绿化、美化、恶化、电气化、机械化、水利化。问题化学习就是通过解决问题的方式来进行的学习。"问题化"这一概念中的"化"字与"信息化教育""电子化产品""数字化校园""绿化"中的"化"字一样，表示一种状态与特征，意指围绕问题的学习是一种无处不在、无时不有的行为状态。

另外，"化"也表示变化中，是动态的。就如化学是"变化之学"，问题化学习是"变化之问"，不是静态地解决某个固有的问题，而是一种不断生成的矛盾运动，变化观念与平衡思想是其基本特征，具体来说，问题是不断变化的，且又是对立统一、联系发展及动态平衡的。

"化"之内涵一：围绕问题的学习是一种"彻头彻尾、彻里彻外"的基本状态。所谓"彻头彻尾"，就是问题化学习是一种永无止境的矛盾运动过程，是在发现问题中解决问题，又在解决问题中发现新的问题，如何循环往复、生生不息的过程。所谓"彻里彻外"，就是问题化学习可通过一个小问题由内而外得以无限拓展，也可破解一个大问题由外而内层层剥茧、无穷无尽。在这个过程中，学习者通过小问题的提出化解大问题，通过新问题的提出深化对老问题的理解。思考不止，问题无尽。

"化"之内涵二：问题化学习强调系列问题的连续解决，即连续化地提出问题、系列化地解决问题、系统化地建构思考。其实现形式就是"问题系统化、系统图式化、图式可视化"。问题化是问题与问题之间的连接，问题化学习使学习者因问题与问题解决之间的连接而形成无穷无尽的新发现、新思考，从而生成智慧。

所以，问题化学习是问题解决的变化之学、演化之问。问题的推陈出新、变化无穷、生生不息，体现了道生一，一生二，二生三，三生万物的东方智慧。"问"是学之"道"。

三、问题化学习的原理概述

1. 一个核心理念

问题化学习的核心理念是回归人类学习的本质,让学习者自主经历问题的发现、解决、演化过程。

2. 主要过程方式

在问题化学习的过程中,面对任务情境的学习者自主发现并提出问题,问题井喷后初步建构问题系统,梳理问题并聚焦核心问题,在破解核心问题的过程中持续探索与追问(通过追问可再建构特定的问题系统),最终解决问题。提问、追问及问题系统建构的过程,是学习者知识体系建构、经验获得及智慧生成的过程,同时也是学习者的学习主动发生、持续发生、深度发生的过程。问题化学习的一个重要维度是互动维度,是学习者基于问题与事物、与他人、与自身对话的过程。

3. 三对核心元素

在问题化学习的过程中,学习者不仅要提问,而且要追问;不仅要解决某个问题,而且要解决一系列问题,还要学会关注核心问题、建构问题系统。这个过程中包含三对核心元素,即"提问与追问""问题与问题系统""学习者与学习共同体",这些核心元素又构成了三位一体的问题解决系统与学习生态系统。

4. 三位一体首要原理

问题化学习课堂实施的首要原理是以学生的问题为起点、以学科的问题为基础、以教师的问题为引导,三位一体聚焦核心问题。三位一体首要原理强调"以学生的问题为起点"的主体意义与动机价值,加之"以学科的问题为基础""以教师的问题为引导"的统筹兼顾思考,在操作层面基于问题较好地协调了学生、教师与学科之间的关系。核心问题是三位一体的聚焦点,而解决问题的关键在于问题系统的建构。

三位一体首要原理贯穿问题化学习及教学实施的全过程,包括问题的发现与提出、核心问题的聚焦、问题系统的建构、问题的解决与拓展。学习者在整个过程中的所有环节都需要遵守这个原理,以便循序渐进地获得成长。

5. 核心特征与实现形式

建构问题系统是问题化学习的核心特征,其实现形式为问题系统化、系统图式化、图式可视化。建构问题系统的基本原理如下：(1)问题系统的形成依据是知识的内在联系与学习者的认知规律；(2)问题系统的形成过程是解决问题与知识建构的统一过程；(3)学习者自主追问是建构问题系统的思维过程；(4)学科学习要从知识的问题系统走向思维的问题系统。

6. 课堂教学结构

问题解决通常包括问题的发现与提出、问题的组织与聚焦、问题的演进与解决、问题的反思与拓展四个基本阶段。这四个基本阶段并非一节课的基本环节，通常一个大问题的解决，也就是一个学习活动会包含这四个基本阶段。但如果一节课涉及多个大问题的解决，也就是有多个学习活动，那么这四个基本阶段就会循环出现。

7. 五大能力结构

五大能力是指问题的发现力、问题的建构力、问题的解决力、问题的反思力、问题化学习的设计力。合作作为一个独立的维度，与个体学习维度共同建立起个体发现与解决问题、合作发现与解决问题的两种能力四级水平序列。

8. 六会操作体系

六会操作体系具体包括：(1)学会提问——主动学；(2)学会追问——持续学；(3)学会判断核心问题——有效学；(4)学会建构问题系统——深度学；(5)学会合作解决问题——互动学；(6)学会规划与反思——(自我)设计学。

9. 学习生态系统

在问题化学习的生态系统中，激活的关键在于提问，学生自主提出问题是整个学习生态系统的源泉；持续的关键在于追问，追问促使生态系统能量持续流动；平衡的关键在于三位一体，统筹学生、学科、教师的关系；成为整体的关键在于聚焦核心问题，抓住主要矛盾；关联的关键在于建构问题系统，使得整体大于部分之和；共生的关键在于学习共同体中的师生、生生互动；成长的关键在于规划与反思，实现自我教育。

第二节　结　构　原　理

问题化学习是指学习者在情境中自主发现并提出问题，聚焦核心问题，持续探索追问,形成问题系统,独立及合作解决问题的自我建构学习过程。因此,它的基本结构就包括学习者对问题的发现、建构、解决、反思及对学习的自我设计。

问题化学习以学习为中心,致力于发展学习者"自主发现并提出问题、追问并持续探索、甄别并聚焦核心问题、自主建构问题系统、合作解决问题、自主规划及反思问题"的自建构学习系统。因此,它包括"提问与追问""问题与问题系统""学习者与学习共同体"三对核心元素,这些核心元素又构成了三位一体的问题解决系统与学习生态系统。

一、提问与追问

1. 提问

在《现代汉语词典(第7版)》中,"提问"是指提出问题来问,多指教师对学生。在百度百科中,"提问"是指在一定的情境下,教学的一方为促进学习而向教学的另一方抛出问题解决的任务并期望另一方积极反应并作答的一类教学行为。由此可见,大家对于提问的一般性认识是一种自上而下的教的行为,教师如何提问、提出什么问题很大程度上影响着学习的成效。

然而,在中华传统文化中,学习者自主寻疑、主动探讨一直是受到推崇的。《周易》中指出,君子学以聚之,问以辩之……学问学问,由此而来。问题是人探索世界、认识社会、发现自己的动力源泉,也是人实现自我觉醒与心灵成长的原生力量。

因此,学习者自主提出问题是其进行问题化学习的前提,也是其学习的活力源泉。教师的作用在于帮助学生自主发现问题,引导学生学会提问。

2. 追问

追问就是追根究底地查问,多次地问。追问意味着针对已有的问题以及问题的答案、结论或解决方案再一次进行追究探讨。追问不仅是学习的深化,也是哲学的启蒙,追问是哲学的一种运思方式,哲学在追问途中不断反思人和自然、人和社会、人和自身的关系,通过追问向所有思考人类前途和命运的头脑发出呼唤。①

① 王勇.论哲学的追问精神[J].法治与社会,2012(14):243-244.

如果说提问是提出问题解决之初的问题（即初始问题），学习由此主动发生，那么，追问则是问题解决过程中或之后进一步提出的问题，学习由此深度并持续发生。提问具有定向、组织、激发的功能。追问是一种深究，这种深究表现为追根溯源、持续探索、深刻反思。

提问与追问都是主动思考的外显行为，如果说提问指向问题本身，那么追问更多时候指向问题解决的思维过程。思维包含学科思维以及解决问题的一般性思维。学科思维涉及学科特定的思考方法，如数学建模、科学探究、史料实证。解决问题的一般性思维涉及元认知系统，对于终身学习具有很大的意义。解决问题的一般性思维与学科思维一起发生作用，从而优化知识结构，丰富认知结构，提升思维能力与品质。

追问贯穿问题化学习的全过程，学习者通过追问梳理清楚问题，通过追问聚焦核心问题，通过追问分解核心问题，通过追问持续深化问题，通过追问反思问题解决过程，通过追问拓展问题视域。因此，追问是问题化学习过程的基本元素。

学生自觉追问是其持续探索的能量，教师的作用是培养学生的追问意识，引导学生学会追问。

3. 提问与追问的主体

在以学习为基点的问题化学习视域中，提问与追问的主体是学生，教师的作用是激励、引导，进行必要的示范与指导。教师提问引导与学生自主提问是两种不同的学习状态，教师追问引导与学生自发追问也是两种不同的学习状态。教师有效的引导当然能够让学生投入到思考中去，但从长远的目标来看，要想让学生自己成为"发动机"，成为终身学习者，那就需要把教师的追问转化为学生相互之间的追问与自我追问。

很多同行问："在课堂里，想让教师做到有效追问都很困难，现在你们要培养学生自主追问的能力，是不是太理想化了？"实践结果告诉我们，学生自主追问的能力是可以培养的。在具体的教学过程中，有以下几种追问主体之间的互动方式。

一是学生问学生。学生问学生更多的是对原有问题的答案、结论或解决方案存疑时，对问题的持有者进行追问，或者是在合作互助的过程中"通过追问让对方认识到自己的问题",其主要的学习意义在于持续探究与相互启发。

二是学生问自己。学生可以问自己一些问题,如"我是怎样发现这个问题的""我的计划是否明确,我接下来要做什么,我怎样做会更好""要想完成这个任务,需要哪些条件""我解决这个问题的过程、方法与步骤,有没有需要完善的地方"。学生追问自己的意义更多是学习的自我反思、监控与调节,涉及元认知系统与自我系统。

三是学生问教师,有时候是进一步的请教,有时候是质疑。无论是请教还是质疑,学生问教师时,其认知水平通常达到了较高的水平。

四是教师问学生。在这个过程中,我们从来都不排斥教师作为最有引领力的提问者与追问者的角色。教师作为优秀的问题化学习者,不仅能推动学生的学习与思考,还能引导学生学会追问。

4. 提问与追问的维度

如果提出问题之后有一个基本的判断与结论,那么追问与提问的差异就在于,追问是对于前一个问题以及问题的答案、结论或解决方案再一次进行追究探讨。

一是追问问题与结论。在问题化学习中,追问发生于对前一个问题进行再探究时,大致包括三种情况:(1)针对某个具体问题进行追问,如原有问题是"冬夜的灯光在文章中出现了几次",追问的内容是"这几次的表达是否一样,作者通过不同的表达想要说明什么";(2)针对核心问题进行追问,如核心问题是"为什么说小小的天窗是唯一的慰藉",围绕这个问题,学生可能会追问"为什么是小小的天窗""为什么天窗是唯一的慰藉""慰藉是什么意思",在这个过程中逐步分解问题,从而寻找到解决核心问题的方法;(3)针对问题的答案、结论进行追问,如"慰藉通常是指在心灵上获得安慰与抚慰",可针对此解释进一步追问"慰藉在文章中具体指什么,作者通过天窗获得了怎样的慰藉"。

二是追问过程与方法。学习者可以对问题解决的过程与方法进行追问,如原来通过文献研究获得初步结论"夏朝是中国的第一个王朝",于是追问"这些文献资料是否可靠,单一资料证史的方法是否科学""《全球通史》认为商朝是中国的第一个王朝,为什么对于同一段历史有不同的解释,如何处理不同的史料,你如何做出准确的判断"。搜集资料、判断、比对、推论等都是进行史料实证的基本过程与方法。

三是追问意义与价值。例如,"考证'为何夏朝是中国的第一个王朝',对于历史学习有何意义,对于中国历史建构有何价值",追问意义与价值给了我们更广的视角。因为追问不仅可以指向问题所涉及的内容与结论,也可以指向过程与方法,还可以指向意义与价值。

此外,对于学习本身,教师也可以引导学生有意识地追问自己学什么、怎么学、学了以后会怎样,前者是对于学习内容的思考,中间是对于学习过程与方法的反思,后者是对于学习价值的判断。

二、问题与问题系统

1. 问题

当我们遇到困难时,就遇到了问题。困难可难可易,问题可大可小。问题既有客观存在的任务领域,也有解题人对问题的主观理解。问题是问题化学习的基础元素,由这个基础元素引申到谁来提出问题(提问的主体),提出什么问题,问题孰轻孰重,如何进行判断,谁来解决问题,如何解决问题,解决之后又有何新问题,问题与问题之间有何联系……这样就梳理清楚了核心问题,建构了问题系统。问题就好比是人的思考触点,问题系统是触点与触点相互连接构成的认知地图,核心问题则是某个问题系统中具有中心价值的问题。

2. 核心问题

问题可以理解为人头脑中的矛盾冲突,问题有轻重之别,矛盾有主次之分。《矛盾论》中指出,主要矛盾是指在同一事物内存在的许多矛盾中,有一对矛盾处于支配地位,起着主导作用,决定着事物的性质和发展趋势,这对矛盾就是主要矛盾。我们要抓住主要矛盾,或者抓住矛盾的主要方面,即抓住核心问题进行重点突破,因为核心问题在整个问题系统中具有统领性。

3. 问题系统

问题系统是指围绕学习主题,由具有内在联系的诸多问题所构成的问题集合,通常指向核心问题的解决。问题系统具有整体性、层次性和从属性,其表现形态包括问题集、问题链、问题网等。组成问题系统的两个基本依据是知识的内在联系与学生的认知规律。学习中的问题往往不是孤立存在的,任何一个问题都可能(也应该)存在于某个问题系统中,这个问题系统应该是一个有机的整体,问题与问题之间相互联系,相互作用。

三、学习者与学习共同体

1. 学习者:学生与教师

学生与教师都是问题化学习者。学生是学习的主体,教师是学生学习的引导者、促进者与帮助者,教师本身也是学习者。在学习课程领域的特定内容时,学生是学习的新手,教师是相对的学习专家,两者是认知学徒与导师的关系。

学生与教师都是面向未来具有主动适应性能力的终身学习者。学生作为问题化学习者,是学习的自主建构者、问题的合作解决者、人生的自我教育者。他们对未知满怀好奇,对真理保持质疑,对实践勇于创新,对他人充满热情,对未来主动适应。

教师作为问题化学习者,应该具备问题化学习力,以及问题化学习的教学设计力、问题化学习的课堂实施力、学生问题化学习的培育力。教师是专业自驱动的教师,应该具有反思精神与专业自觉,与学生彼此发现,以实现心智模式持续升级、实践方式持续改变、专业能力持续生长。

2. 学习互动三主体与学习共同体

师生关系一直是教育学研究的重要命题。中华人民共和国成立以来,从"主导主动说"到"主导主体论",再到"双主体论",以及体现后现代主体间性的"学习共同体思想",师生关系日趋平等,课堂成为主体与主体间互动对话的交往过程。[①]

如果从教育者的视角出发,我们通常会把教与学的主体分为教师与学生。如果从学习者的视角,也就是带有学习者主观体验的当事人视角出发,我们就会发现围绕学生形成了学习互动三主体,即"自己、同伴、教师",学习互动三主体又进一步形成了学习共同体,同伴是学习共同体中重要的互学者,教师是重要的引导者。学习互动三主体与学习共同体见图 2-1。

---

① 王天蓉.从"教学双主体"走向"互动三主体":走向学习者的视角[J].教育,2021(6):6-8.

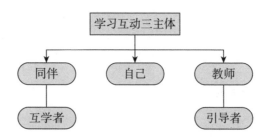

图 2-1　学习互动三主体与学习共同体

　　学习是个体的认识过程,既包含对外部世界的发现与探索,也包含个体精神世界的自我觉醒。孔子说"学而时习之,不亦乐乎",这里的"学"和"习",可能主要是指向外的寻求。曾子说"吾日三省吾身",这里的"三省吾身",可能主要是指向内的反省,检讨自己品德与修养存在的不足之处。因此,"学习"可以理解为知识上的向外寻求与灵魂上的向内反省。学习既有助于个体认识客观世界,又有助于个体人格的完善。

　　佐藤学认为,学习是对话与修炼的过程,是同事物(客观世界、教材)的对话,同他人(朋友、教师)的对话,同自身的对话。通过这三种对话实践,我们能够建构知识和经验的意义,建构人际关系,形成自身的意志、思考与情感。这三种对话实践即建构客观世界之意义的认知性实践,建构伙伴关系的社会性实践,探索自身的伦理性实践,见图 2-2。从这个意义上讲,佐藤学所扩展的与他人的对话,可以隐喻为学习是一种社会协商的过程,因为意义的制定并非都由个人来完成,而是更多来自于与他人对话的过程,问题化学习是实现对话的基本方式。

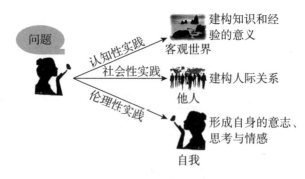

图 2-2　问题化学习实现的三种对话实践

在一个学习共同体中，与他人的对话既包括学生与教师的对话，也包括学生与同伴的对话，还包括个体与个体的对话（包括个别学生与个别学生的对话、学生与自己的对话）、个体与群体的对话（包括个别学生与小组的对话、个别学生与班级的对话）、群体与群体的对话（包括小组与小组的对话）等，这些多元的互动方式相较传统课堂上师生问答的交往方式，有着质的区别。学习者围绕问题的解决，通过相互提问、追问，实现互学与进步。

应当说，"互动三主体"是对学习共同体视域中师生关系的又一种诠释，有利于建立"互学"关系，也有助于教师真切地站在学习者的视角，即学生的视角去洞悉学习是如何发生的，包括具体由哪种情境触发、对哪个问题产生了思考，进而去体会活动情境对学生的意义，去听明白每个学生的问题，全心全意地去理解每个学生发言背后的逻辑，尽可能以学习者的立场组织起令人愉悦且有效的同伴交流，以协商的方式与学生探讨如何把学习进行下去，选择怎样的方法与路径解决问题等，从而真正从学习者的视角出发去设计教学、组织教学与实施教学。①

四、三位一体首要原理与学习生态系统

1. 三位一体首要原理

图 2 - 3　三位一体首要原理

① 王天蓉.从"教学双主体"走向"互动三主体"：走向学习者的视角[J].教育,2021(6):8.

在一个教学系统中,问题化学习的三位一体是指以学生的问题为起点、以学科的问题为基础、以教师的问题为引导。相关主体借助三位一体聚焦核心问题,建构问题系统,独立思考,协同解决问题,并在问题解决的过程中整体建构知识,迁移经验图式,逐步形成能力。三位一体首要原理(见图 2-3)强调"以学生的问题为起点"的主体意义与动机价值,加之"以学科的问题为基础""以教师的问题为引导"的统筹兼顾思考,在操作层面基于问题较好地协调了学生、教师与学科之间的关系。

例如,上海师范大学郑桂华教授曾指出,朱自清的《背影》作为经典读物可以有 20 余种文本解读的路径,但课怎么上还得看学情,学生的问题就是最好的学情。在一次执教过程中,她梳理了学生预习《背影》一文时提出的 24 个问题,其中,有 6 个问题关于背影,有 2 个问题关于家境,有 2 个问题关于结构,有 4 个问题关于"我",有 10 个问题关于父亲(见图 2-4 左)。于是,郑老师从 3 个视角出发重新归纳问题(即关于父亲的问题,关于那时的"我"的问题,关于现在的"我"的问题,见图 2-4 右),并基于这 3 个视角建构起问题系统。郑老师最后梳理的问题包括"父亲怎样看待儿""那时的'我'怎样看待父亲""现在的'我'怎样看待父亲""那时的'我'如何转变为现在的'我'""为什么会有这样的转变",其中,最后一个问题是本节课的核心问题。

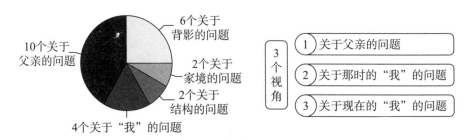

图 2-4　学生提出的 24 个问题及从学科视角出发重新归纳的问题

通过这个案例,我们很容易就能理解如何把"学生提出的 24 个问题"作为起点,把"人物视角的解读"作为语文学科学习的基础问题,以教师的问题为引导,帮助学生聚焦核心问题,建构问题系统,从而形成结构化的解读路径(见图 2-5)。

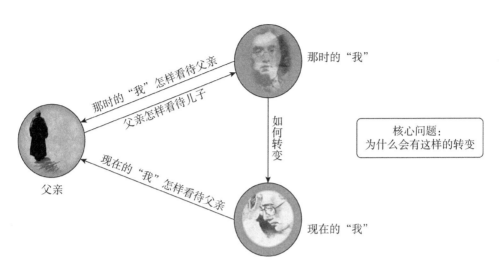

图 2-5 《背影》解读路径

2. 学习生态系统

生态的核心是关联,问题是实现学习关联的基本载体。在问题化学习的生态系统中,激活的关键在于提问,学生自主提出问题是整个学习生态系统的源泉;持续的关键在于追问,追问促使生态系统能量持续流动;平衡的关键在于三位一体,统筹学生、学科、教师的关系;成为整体的关键在于聚焦核心问题,抓住主要矛盾;关联的关键在于建构问题系统,使得整体大于部分之和;共生的关键在于学习共同体中的师生、生生互动;成长的关键在于规划与反思,实现自我教育。问题化学习的生态系统见图 2-6。

图 2-6 问题化学习的生态系统

第三节 过程与方式

问题化学习的显著特征就是通过系列问题来引发持续的学习活动,它要求学习活动以学习者对问题的自主发现与提出为开端,用有层次、结构化、可扩展、可持续的问题系统贯穿学习过程和整合各种知识,通过系列问题的解决,实现知识的整体建构、学习经验的有效迁移与能力素养的逐步形成。

一、问题化学习的实践模型

问题化学习的实践模型如图 2-7 所示,从左至右来看,面对任务情境,学习者自主发现并提出问题,梳理发散的问题后初步建构问题系统,厘清并聚焦核心问题,在破解核心问题的过程中持续探索与追问,通过追问可再建构指向深度学习的问题系统,最终解决问题。提问、追问及问题系统建构的过程,也是学习者的学习主动发生、持续发生、深度发生的过程。

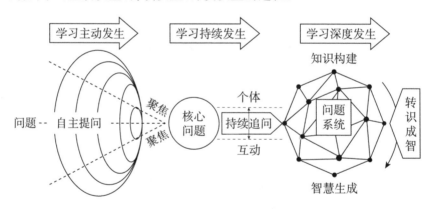

图 2-7 问题化学习的实践模型

在问题化学习的过程中,学习者提问、追问、建构问题系统不仅是知识建构的过程,同时也是动机系统激发、元认知系统发展以及认知系统优化尤其是思维发展的过程。而互动维度基于三种对话实践,强调问题化学习既是学习者建构知识和经验的意义的过程,也是建构人际关系,形成自身的意志、思考与情感的过程。

在这样的机制下,问题化学习是实现"转识成智"的心理过程,它变简单的知识获得为智慧养成、智慧生成的过程,从认识客观世界之意义的认知性实践,走向融通建构伙伴关系的社会性实践与探索自身模式的伦理性实践。

学习科学相关研究指出,学习不仅仅是个体认知的过程(传统学习理论视角),也是学习共同体互动的过程。因此,在集体学习视域中,问题化学习具体表现为面对任务情境时学生自主发现并提出问题,基于三位一体首要原理聚焦核心问题,在教师的引导下学生持续探索追问、建构问题系统、合作解决问题。就问题化学习而言,我们既需要探讨个体学习的基本过程,也需要探讨在集体学习视域中的互动机制。

二、实践模型的五大要点

实践模型概括起来具有五大要点,见图 2-8。

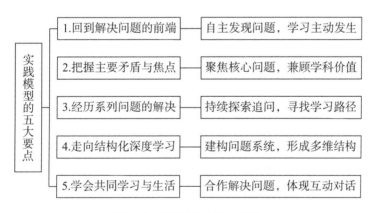

图 2-8 实践模型的五大要点

1. 自主发现问题

例如,看到一群雨天前忙碌的蚂蚁,学生产生了以下问题:蚂蚁是在搬家吗? 这是一群什么类型的蚂蚁,它们为何要搬家? 怎么确定蚂蚁就是在搬家? 它们是怎么搬的? 面对这一情境,学生脑海里自然就会产生很多问题,教师需要鼓励学生将他们真实的问题清晰地表达出来。

2. 聚焦核心问题

然而，即使面对相同的情境，甚至相同的研究主题，每个人思考具体问题的起点、视角、维度、发展路径也会有所不同。受集体学习方式及课堂时间限制，师生需要聚焦一个核心问题以便共同探究。比如，师生可以共同探究"蚂蚁为何要搬家，又是怎么搬的"这样一个核心问题，一方面，这是很多学生关心的问题；另一方面，这个问题可以引发探究的过程，通过对这个问题的探究，学生能够建构起生物适应环境的学科观念。

3. 持续探索追问

如图 2-9 所示，围绕"蚂蚁为什么要搬家"，学生可能会追问"蚂蚁搬家是为了躲避吃它的动物吗""蚂蚁会带着它养的蚜虫一起搬家吗""蚂蚁搬家是为了寻找食物多的地方吗"等问题。他们可能会推测"蚂蚁搬家是因为不喜欢下雨前的潮湿环境吗""蚂蚁是用触角感知信息的吗"，然后进行现象分析"蚂蚁相互触碰，是在交换信息吗"。学生还会思考"我们可以提前多久来观察""我们可以用摄像头记录吗"，也会质疑"我们怎么确定蚂蚁是在搬家呢"并寻求证据"哪些活动表明蚂蚁在搬家"。

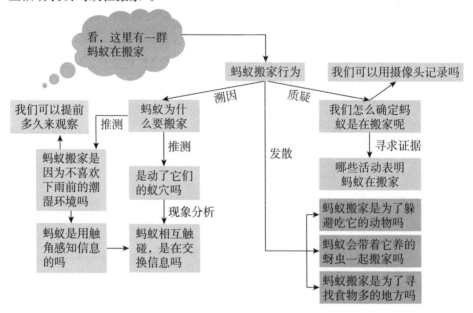

图 2-9 蚂蚁搬家行为——科学思维

对于每一个问题的探究,可能都需要科学思维。例如,如何验证;除了在自然状态下长期观察,有没有可能通过实验来验证;如果进行实验,该如何设计。当然,也会有其他的思考,如"蚂蚁搬家时会扛东西吗""不同种类的蚂蚁扛的东西是否不同"。这个思考过程中既包含了"猜想—验证"的科学思维过程,也包含了"膨土状蚁穴、蚂蚁触角、咀嚼式口器"等概念性知识及事实性知识的获得,也就是说,在问题化学习过程中,程序性的思考探究总是包裹着事实性知识与概念性知识的建构过程。

4. 建构问题系统

学生研究蚂蚁搬家行为的过程,也是其科学探究的过程(见图 2-10)。围绕"如何观察蚂蚁搬家",学生认真思考"观察时间怎么确定""观察地点有哪些""怎样记录观察现象""如何分析观察结果""用什么工具开展观察"等问题,建构起科学探究的问题系统,形成科学探究的认知结构。同时,学生通过科学探究的过程建构起关于"蚂蚁搬家行为"的学科观念(见图 2-11),既包括"生物的相互依赖"学科观念,涉及食物链与食物网的问题,又包括"生物对环境的适应"学科观念,涉及生物与栖息地的问题,以及环境变化影响的问题。

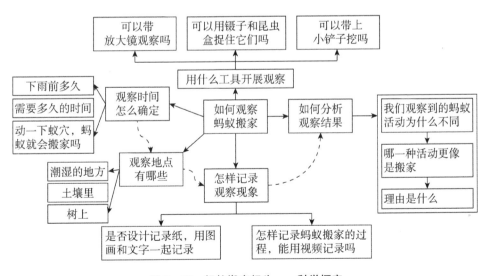

图 2-10 蚂蚁搬家行为——科学探究

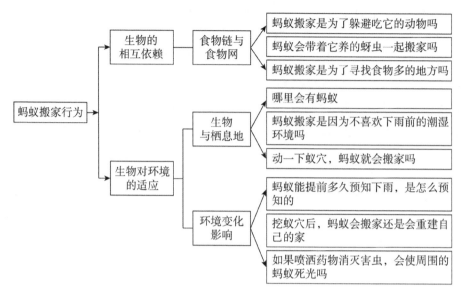

图 2 - 11　蚂蚁搬家行为——学科观念

5.合作解决问题

在问题探索的过程中,学习共同体的互动对话与相互合作是非常重要的。

一是合作发现问题。合作的学习环境能够让学生更安心地表达自己的问题,并在交流中澄清问题、在互学中生成新的问题。

二是合作聚焦问题。以学生的问题为起点,以学科的问题为基础,以教师的问题为引导,三位一体聚焦课堂核心问题。合作的价值就是共同来判断最重要的问题,并在这个过程中学习他人不同的视角。

三是合作解决问题。不同领域的学习有着不同的实践与认识方式,合作学习活动需要恰当的情境设计与恰当的问题解决方式。追问能够深化问题解决,合作能够把教师的追问转化为学生之间的追问。问题化学习的价值就是促使合作讨论从"互说""互教"走向基于倾听的"互问""互学"。

四是合作分享成果。互动分享使成果增值。合作的价值就是在互动分享的过程中使信息与知识增值,促进智慧生长与生命成长。

三、融通学科逻辑与学生心理逻辑

面对"雨天蚂蚁搬家"这一情境,问题化学习让学生自主经历了提问、追问、

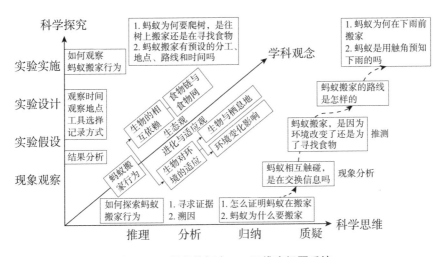

图 2-12　蚂蚁的探究——三维度问题系统

聚焦核心问题、建构问题系统，以及与他人合作解决问题的过程。学生在教师的引导下探索蚂蚁搬家行为，既发展了科学思维与科学探究的能力品格，也建构了"生物对环境的适应"学科知识体系，形成了相应的学科观念。

融通学科逻辑与学生心理逻辑的关键在于围绕核心问题的持续追问，以及追问之后所建构的多维度问题系统（学科观念、科学探究、科学思维）。蚂蚁的探究——三维度问题系统见图 2-12。整个学习过程既发展了学生解决问题的高阶思维，又实现了学生知识与经验的融通及结构化，使素养得以落地。

第四节　五力模型

与感觉、知觉、记忆等不同，问题解决通常被视为一种高级的认知过程，与分析、归纳、推理、决策、创造等多种认知过程相联系。加涅把问题解决界定为一种涉及高级思维的学习，即高级规则的学习。PISA 2003 报告首次明确了"素养"概念的内涵，即"学生运用知识和技能的能力，在不同情境中提出问题、解决问题和阐释问题时有效分析推理和交流的能力"[1]。问题化学习的五力模

① OECD. Learning for Tomorrow's World：First Results from PISA 2003［Z］. Paris：OECD Publications，2004：23.

型借鉴了问题解决领域的研究成果,同时在实践基础上形成了自己的结构。

一、问题化学习的能力结构

根据问题化学习的基本过程,问题化学习的能力分为问题的发现力、问题的建构力、问题的解决力、问题的反思力、问题化学习的设计力(见图 2 - 13)。其中,问题的发现力包括敢于提出自己的问题、能够提出有价值的问题、能够提出一系列问题、能够清楚地表达问题、能够倾听并理解他人的问题;问题的建构力包括学会判断核心问题、学会建构问题系统、能够完善问题系统;问题的解决力包括做出预测或假设、寻找方法与路径、持续追问与深究、形成结论或成果、学会交流与汇报;问题的反思力包括"反思过程,总结方法"和"反思结果,研究未来";问题化学习的设计力包括设计学习任务、自定学习步骤、调控学习过程。

图 2 - 13　问题化学习的能力结构

1. 凸显学习者对问题的发现与提出

把学习者对"问题的发现"作为学习起点与重要的能力,体现了一种面向未知的精神。如果把完整的学习过程看作学习者发现问题与解决问题的过程,那么,学生对问题的自主发现是"在上游学习",解决问题是"在下游学习"。

2. 问题化学习指向广义的问题解决

问题包括 problem,也包括 question,即包含了事实性知识的获得、概念性知识的理解与应用、策略性知识的获得。与国际 PBL 模式不同,2003 年开始的问题化学习实践在九大基础课程领域获得广泛的适用,为知识体系良好的学科学习提供了问题解决学习的中国本土方案。

3. 问题化学习的设计力是统领性能力

问题化学习的设计力作为统领性能力,贯穿问题的发现、建构、解决与反思过程。学习者能够主导"发现并厘清问题、聚焦核心问题、建构问题系统、寻找方法工具解决问题、反思修正提升"这样一个完整的学习过程,也就是说,学生通过设计、调控等元认知活动来主导自己的学习经历,让问题的发现、建构、解决、反思成为一种有意识的理性过程。问题解决过程中的计划执行及反思中的调控,都被纳入贯穿全程的问题化学习的设计力。

4. 凸显了追问在问题化学习过程中的独特价值

在问题化学习的语境中,提问发生在问题解决之初,追问发生在问题解决过程之中或之后。"追问深究"属于"问题的解决力",问题解决的具体策略(方法与路径)是通过追问来实现的。作为一种解决力,它又可以作用于"核心问题的聚焦、问题系统的建构"(问题的建构力)、"问题的反思"(问题的反思力)等方面。因此,追问是问题化学习过程的基本元素,贯穿问题化学习的全过程,即通过追问厘清问题,通过追问聚焦核心问题,通过追问分解核心问题,通过追问持续深化问题,通过追问反思问题解决,通过追问拓展问题视域。

需要特别说明的是,问题化学习的能力目标体现了问题化学习的一般过程,体现了学习者对问题的发现、建构、解决与反思的基本过程,以及基于这一过程的问题化设计。然而,问题的发现、建构与解决并不总是依次发生的,很多时候是交织在一起并共同发生作用的。比如,反思不一定发生在最后,而是作用于整个过程,而追问作为问题化学习的重要元素,不仅是解决力的重要体现,同时也作用于问题的发现、建构与反思。

二、问题化学习能力的维度与水平

合作作为一个独立的学习维度,与个体学习维度共同建立起个体发现与解决问题、合作发现与解决问题的两种能力序列,分别分为四级水平。问题化学习能力的两个维度见表 2-1。其中,在个体学习维度,学习者的问题化学习能力水平可以分为四级:(1)一级水平,简单回应型问题化学习者;(2)二级水平,推断-理解型问题化学习者;(3)三级水平,系统-应用型问题化学习者;(4)四级水平,综合-创造型问题化学习者。在合作学习维度,学习者的问题化学习能力水平可以分为四级:(1)一级水平,参与其中的学习者;(2)二级水平,关注他人的学习者;(3)三级水平,协商冲突的学习者;(4)四级水平,共克时艰的学习者,其具体表现见表 2-2。

表 2-1   问题化学习能力的两个维度

水平	个体学习维度	合作学习维度
一级	简单回应型问题化学习者	参与其中的学习者
二级	推断—理解型问题化学习者	关注他人的学习者
三级	系统—应用型问题化学习者	协商冲突的学习者
四级	综合—创造型问题化学习者	共克时艰的学习者

表 2-2   问题化学习能力水平分类-合作学习维度

水平	学习者	具体表现
一级	参与其中的学习者	学习者能够以有限的协作完成复杂度较低的任务,可以确认他人的行动或建议,倾向于关注自己在群体中的角色
二级	关注他人的学习者	学习者可以通过合作努力解决中等难度的问题,面对不同的观点与视角会征求团队成员的意见,主动提出建议,倾向于相互倾听、借鉴
三级	协商冲突的学习者	学习者可以解决复杂的问题或完成复杂的协作,当学习过程中发生冲突时可以帮助团队成员协商解决,倾向于减少分歧,协商解决冲突
四级	共克时艰的学习者	学习者能够以高水平的合作成功地完成复杂问题的解决任务,主动采取行动或提出要求克服障碍,解决分歧和冲突。学习者可以平衡合作和解决问题,确定解决问题的有效途径,并采取有效行动,倾向于主动承担责任并共同克服困难

附：

问题化学习能力的目标指标体系

一、问题的发现力

1. 敢于提出自己的问题

（1）敢于提出自己感兴趣的问题；

（2）敢于提出自己真实的困惑；

（3）能够明确自己的困惑，并知道自己所提问题与特定领域学科问题之间的联系；

（4）提出自己的问题，学会判断不同问题的重要性。

2. 能够提出有价值的问题

（1）能够在帮助与指导下提出与特定领域知识、学科或主题有关的问题；

（2）能够主动思考，明白自己是从哪个角度提出问题的，提出符合该领域学科视角的问题；

（3）能够基于学科思维，提出有探讨价值的问题；

（4）能够全面思考，提出有重要价值的问题；

（5）能够提出有创见的问题，发现别人不能发现的问题，有突破。

3. 能够提出一系列问题

（1）面对情境、现象或描述，能够提出多个问题；

（2）能够从不同视角出发提出多个问题，并对问题进行分类；

（3）能够从不同维度或层次进行思考，提出问题。

4. 能够清楚地表达问题

（1）能够将自己的问题表达完整，让他人明白；

（2）能够说清楚不同的问题以及它们之间的关系。

5. 能够倾听并理解他人的问题

（1）倾听并理解他人提出的问题；

（2）在情境中获得问题的相关信息，通过图表、符号或语言进一步表征描述问题，并在各种表征形式之间转换；

（3）及时记录与分析他人的问题。

二、问题的建构力

1. 学会判断核心问题

（1）能够在他人引导或指导下感知了解核心问题及其聚焦的过程；

（2）能够判断每节课学习的重点与关键问题；

（3）初步学会归纳问题（把很多小问题归纳成一个大问题）；

（4）学会独立判断并聚焦核心问题，进行探索时，总能找到最主要的问题或问题的关键。

2. 学会建构问题系统

（1）关注教师建构的问题系统，在教师的帮助下能够理解其背后的学习路径；

（2）能够将问题排序；

（3）能够理解不同问题系统所代表的学习路径；

（4）能够围绕一个主题，把问题进行分类，形成问题集；

（5）能够围绕问题解决的过程，形成问题链；

（6）学会从两个维度建构问题系统矩阵；

（7）思考子问题的相互关系，形成问题网；

（8）围绕跨学科的主题，多视域思考问题，建构问题域；

（9）尝试并掌握问题系统建构的多种模式；

（10）在不同的领域、学科以及特定任务类型中探索规律，学会建构问题系统；

（11）能够创建独树一帜的问题系统，有创新思维，能够突破性地解决问题。

3. 能够完善问题系统

（1）在教师的指导下修改完善问题系统；

（2）结合他人不一样的问题系统，整合完善自己的问题系统。

三、问题的解决力

1. 做出预测或假设

（1）对解决的问题有一定的预测或假设，从单一方向思考；

（2）对解决的问题有基本的预测或假设，依据多个因素思考；

（3）对解决的问题较全面的预测或假设，系统思考；

（4）对解决的问题有全面且独特的预测和假设，突破性地思考。

2. 寻找方法与路径

（1）用学过的方法解决老问题，或在教师指导下用通用方法或学科方法解决新问题，并理解此方法；

（2）会运用学过的方法解决新问题，较全面地思考，运用工具（观察、测量等实验工具，分析、统计等认知工具）寻找证据；

（3）自己寻找解决问题的方法与路径，产生新的策略。

3. 持续追问与深究

（1）用分解的思路把大问题变成若干小问题（如关键词追问、要素法追问）；

（2）学会在比较中提出具有联系与区别的问题；

（3）时常为自己的想法寻求证据，对于已有的结论会产生疑问，用递进、推理、求证的思维追问；

（4）进行举一反三的追问，学会迁移应用；

（5）对一时不能解决的问题，会换一种思路思考，用横向的思维追问转化的问题，用纵向的思维追问引申的问题，用求异或平行的思维追问扩展的问题；

（6）把不同的事物联系起来思考，用交叉思维、渗透思维、组合思维提出潜在的问题；

（7）有逆向思维，能够从正反两方面思辨追问。

4. 形成结论或成果

（1）用一至两个步骤完成推理，形成结论，解决问题，或在教师的指导下归纳形成结论或成果；

（2）多步骤推理形成结论，解决问题，基本形成成果；

（3）系统地解决问题，形成较全面的结论与成果，有多视角的思考；

（4）灵活、创造性地解决问题，形成创新的结论、成果，或有辩证思考。

5. 学会交流与汇报

（1）能够在教师引导下或基于任务单提示，按照汇报要求和流程进行交流与汇报，完整表达自己的想法；

（2）汇报成果时，符合逻辑地组织信息，有证据，有观点；

（3）汇报成果时，能够对两个及以上的论证过程进行阐释；

（4）汇报成果时，能够说明成果具有创新性。

四、问题的反思力

1. 反思过程，总结方法

（1）能够在教师的带领下反思自己的学习过程，归纳学习路径、方法及策略；

（2）独立反思自己的学习过程，发现、归纳并表达自己的学习路径、方法及策略；

（3）面对新情境时，反思自己用过的路径、方法及策略，能够把反思的结果恰当运用到新问题解决中；

（4）反思并发现自己有创意的学习路径、方法及策略，体现独特、灵活的思路，升级自己的认知方式。

2. 反思结果，研究未来

（1）依照指定的目标对结果进行反思，发现不足与未知；

（2）从不同角度对结果进行反思，批判性地评价前期预测和行动；

（3）意识到不足后，明确补救行动，包括还需要的信息、还需要澄清的内容、还需要采取的计划和行动等。

五、问题化学习的设计力

1. 设计学习任务

（1）明白教师为什么要提出这样的问题，理解问题背后的意图；

（2）面对学习情境，不需要教师和同学的提醒，有发现与聚焦核心问题的主动意识；

（3）能够基于需要解决的问题，设计学习任务，能够分析与判断学习任务对解决问题及学习的意义。

2. 自定学习步骤

（1）在教师指导与帮助下一步一步解决问题，理解其意图；

（2）独立对需要完成的学习任务进行分解，制定学习步骤；

（3）能够综合分析和判断完成任务可能涉及的各个变量，考虑周全，对可

能遇到的困难有所预判,提出建议;

（4）会给自己完成学习任务制订一个完整的计划。

3. 调控学习过程

（1）能够在有指导与帮助的情况下,学会评估与分析任务执行的过程,通过具体的工具(如统计表格、图示图表)呈现问题解决或目标达成的情况;

（2）能够自我主导"发现并厘清问题、聚焦核心问题、建构问题系统、寻找方法工具解决问题、反思修正提升"的完整学习过程;

（3）在学习过程中经常进行清晰度与准确度核查,能够基于各类变量(如人、目标、时间、步骤、策略、方式、方法等)对任务执行过程进行主动且独立的评估与分析,在解决问题的过程中,及时对学习方案进行有意义的调整,能够有效应对随时发生的困难。

第三章 用六颗石子实施课堂变革

问题化学习从较难改变的学科教学出发，直面真问题，摸着石子过河。课堂发端于学生自主提出问题，突围于聚焦核心问题、深化于持续追问建构问题系统、成长于合作解决问题，持久于自我设计学习，探索课堂变革的实现路径。

第一节 解决主动学的问题

培养学生的能动性或主体性是教育的基石。就问题化学习而言，起点在于学生能够主动提出问题。

一、解决主动学的问题，让学生自主提出问题

在课堂上，学生通过自主发现与提出问题来实现主动学习。因为学生的问题能够一下子就撬动以教学为中心的课堂，但课堂风险也随之而来。比如研究蚂蚁，学生会提出"蚂蚁吃什么""蚂蚁为什么要搬家""蚂蚁什么时候会打架""蚁穴具有怎样奇妙的结构""蚂蚁怎么生'宝宝'""蚂蚁能活多久"等问题（见图3-1）。学生的问题天马行空，而且一个一个解决这些问题，容易使知识碎片化，

蚂蚁的身体可以分成几部分　蚂蚁为什么要搬家　蚂蚁为什么会乖乖排队

蚁后可以活多久　蚂蚁什么时候会打架　蚂蚁什么东西都吃吗

蚂蚁怎么生"宝宝"　探究蚂蚁　蚁穴具有怎样奇妙的结构

蚂蚁的巢穴在哪里　蚂蚁有幼虫期吗

蚂蚁是有益的还是有害的　为什么只有蚁后有翅膀　蚂蚁能活多久

白蚁就是变白的蚂蚁吗　蚂蚁会偷吃庄稼吗

图 3-1 探究蚂蚁时学生提出的问题

课堂时间也不容许,原定的教学目标难以达成。传授式教学的弊病是能力与素养的缺失,学生学得被动肯定是不对的,但是教学中没有知识体系也肯定是不负责任的。

二、自主提出问题的原理与实践

提出问题首先需要发现问题,发现问题是创造性行为的一个方面。皮亚杰认为,认知发展经历感知运动、前运算、具体运算与形式运算四个阶段。某些心理学家认为,发现问题是超越形式运算阶段的一个认知发展阶段。达到这种水平的人不满足于解决问题,他们会积极寻找新的问题。加涅把这种发现问题的技能称为认知策略。[①]

对于问题化学习来说,学习始于学生自主发现并提出问题,学生自主提出问题既是问题化学习的起点,也是学习的发生机制。问题以及问题解决的过程远比答案更重要,学习者从自己的问题开始学习,会使学习更具有个人意义。让我们的学习回归对问题的探求,让我们在这个过程中找回应有的智慧,这既是学习本原的回归,又是教育本原的关切,因为教育的本原是"主体精神的培育"。

但是,在实际的课堂中回归学习本原并不是一件容易的事情。教师常常觉得"到最后都是解决问题,这个问题为什么不可以由教师直接来提出",费了半天工夫让学生发现并提出问题,最终还是回归到课程需要解决的问题轨道上,何必绕这么大的一个圈子。换而言之,同样都是解决问题,解决学生自己提出的问题,与解决教师提出的问题,究竟有何不同? 当这样一种由教师主动并持续发起的课堂活动成为一种常态时,求学的本质就发生了变化。长期被动学习导致学生最终被教师拽着、拉着、拖着甚至求着学,却忘记了求学的本质是学生到学校探求学问。

为了确保问题化学习中学生自主提出问题这一重要前提,在实践中需要注意三点:(1)自主提出问题时,学生表达的是真实的学习需求,是真问题;(2)自主提出问题外显为学生主动表达问题的语言行为;(3)自主提出问题体现出学生愿意为解决问题采取行动的意愿。

学习者自主提出问题,具体来说包括学习者敢于提出自己的问题、能够提出有价值的问题、能够清楚地表达问题,以及能够倾听并理解他人的问题。敢于提出自己的问题,包括敢于提出自己真实的困惑与兴趣点,学会判断不同问题的重要性。能够提出有价值的问题,包括提出学科视角的问题、有探讨价值的问题或有核心价值的问题。能够清楚地表达问题,包括能说清楚不同问题之间的关系,并进行整合与归纳。能够倾听并理解他人的问题,包括寻找到问题中的关键信息,能补充、完善、归纳与整理他人的问题。

当然,学生自主提出问题对于课堂教学的挑战是教师如何应对可能出现的碎片化学习的难题。

第二节　解决有效学的问题

在班级授课制的场景下,课堂中依然遵循集体学习的逻辑,那么就需要在有限的时间内解决集体共同要解决的有价值的问题。对整堂课有统领性与支撑性的问题,就是课堂的核心问题。

一、解决有效学的问题,师生聚焦核心问题

围绕蚂蚁的探究,当学生提出一黑板的问题后,受制于课堂有限的时间,这就需要在教师的带领下,根据学科课程既定的学习目标,师生共同聚焦一个关键问题,如"作为一种昆虫,蚂蚁具有哪些与众不同的地方",然后从蚂蚁的体貌特征、栖息地、食性、行为、繁衍、与人类的关系等方面进行探究,见图 3 - 2。这就是问题化学习的三位一体首要原理,即以学生的问题为起点、以学科的问题为基础、以教师的问题为引导,三位一体聚焦课堂核心问题,保障课堂学习的有效。与传统课堂中教师设定的核心问题不同,问题化学习中核心问题的底层代码、形成逻辑不只是教师的预设,而是从学生的问题开始,以学生的问题为起点,通过教师的引导,连接上学科的问题。同时,这个阶段保障课堂有效的另一条路径,就是把学生碎片化的问题系统化。

图 3 - 2　聚焦核心问题：探究蚂蚁

在课改的路上，教师最为纠结的问题就是主动重要，还是有效（学科重点的把握）重要。在这个阶段，教师只要稍有犹豫，不破解"学科知识建构与学生自主探究"这对实践矛盾，就很容易回到以教学为中心的老路上去。

二、聚焦核心问题的原理与实践

对于个体学习来说，学习者提出问题后需要进一步厘清问题，锚定最关键的核心问题。对于课堂集体学习来说，问题化学习需要遵循课堂实施的三位一体首要原理，产生有效的学习问题，见图 3 - 3。当以教学为中心的课堂被学生的问题撬动之后，三位一体聚焦核心问题旨在凸显以学生的问题为起点，强调在学生自主提出问题的同时，必须兼顾以学科的问题为基础、以教师的问题为引导，使课堂不至于陷入以学生为中心的危险，走上以学习为中心的理性之路。

核心问题在一个问题系统中处于中心地位，是问题解决的重心所在。聚焦核心问题要求学习者在运用系统思维的同时运用焦点思维，在统筹兼顾时不忘

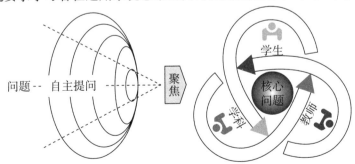

图 3 - 3　自主提问，聚焦核心问题

重点突破。对于课堂而言,核心问题是指在学科基本问题的观照下,依据本课时的学科重点问题,在充分考虑学生的起点(生活经验、知识基础与认知冲突、学习动机与兴趣点)后产生的统领性问题,它最能集中体现"以学生的问题为起点、以学科的问题为基础、以教师的问题为引导"的取向。在问题化学习的起步阶段,核心问题可以由教师在课前预设,在课上抛出。到了发展或成熟阶段,核心问题则可以通过学生的筛选或思考得出。①

　　如何把握问题化学习中"聚焦核心问题"这一基本原理呢? 第一,核心问题应具有统领问题解决的价值。能抓住"牛鼻子",便能牵一发而动全身。第二,核心问题应是三位一体互动协商的结果,核心问题便是三位一体中的"体"。第三,核心问题应具有统筹培养学科核心素养与问题解决能力的价值,包括在学科学习中掌握学科的关键概念并获得学科学习特定的思想方法,用学科特有的认识方法再次认识世界,包括科学实验、技术设计、数学推理、人文感悟、历史考据、艺术创作与审美,从而丰富学习者对于世界的感知与理解,让学习者获得与真实世界的新连接。同时,核心问题应能承载学习者解决问题所能获得的探究空间与思维含量。

　　对于学生而言,聚焦核心问题意味着首先能在他人引导或指导下感知核心问题及其聚焦的过程,其次能在伙伴合作中学会判断并聚焦核心问题以及初步学会归纳问题(把很多小问题归纳成一个大问题),进而学会独立判断并聚焦核心问题。

第三节　解决持续学的问题

　　在问题化学习过程中,学生不仅要提问,而且要追问。学生持续的追问使课堂教学有源源不断的能量。

一、解决持续学的问题,让学生学会追问

　　随着学生学习能力的提升,原先由教师聚焦核心问题,逐步转化为学生自

---

① 王天蓉,徐谊. 有效学习设计:问题化、图式化、信息化[M].北京:教育科学出版社,2010:81.

主判断核心问题。学生不仅要提问,而且要追问,让主动学习得以持续。例如,一般认为"康乾盛世"是中国封建王朝的鼎盛时期,所以学生的第一个问题通常是"'康乾盛世'盛在哪里"。当看到《英使谒见乾隆纪实》描述中国不是富裕的国度而是一片贫困的土地时,学生产生了疑问,如"'康乾盛世'盛吗"。在探究的过程中,学生又会进一步辩证思考"如何理解'盛中有衰'",见图3-4。这是指向高阶认知的追问,因为学习不仅要掌握知识,还要有思维的发展。

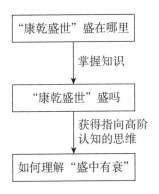

图3-4　关于"康乾盛世"的追问

在探索问题化学习的道路上,有不少教师愿意去尝试"变教师设问为学生自主提问",但是在课堂变革的深化地带,"变教师追问为学生自主追问并且相互追问"并不是一件容易突破的事。一方面,这种转变受制于教师观念的转变;另一方面,这种转变还依赖于教师自身也是一位问题化学习者,不仅自己善于追问,还要善于引导学生追问。因此,教师需要转变理念,提升能力,学习引导的艺术。这确实对教师的课堂教学提出了更高的要求。很多教师认为,在课堂里学生的追问是可遇不可求的,但实践结果证明,学生的追问能力是可以培养的,思维方式是可以练习的。

例如,学习了罗斯福新政的内容,学生对罗斯福新政持肯定的态度,此时教师借助史料创设了一个历史情境:有人咒骂罗斯福向富人敲竹杠,有人批判新政是法西斯性质的,有人说这是苛政,有人说这是没有骨气的自由派所为。教师引导学生从时空背景、不同身份、不同视角、不同立场等方面进行追问,如"这些人为什么要咒骂罗斯福""他们是谁""他们对哪些内容感到不满""人们对罗斯福新政的认识为什么会不一样""我们究竟该怎样认识罗斯福新政"。

在学生追问的基础上，教师可以完善追问的视角，如"证据""主观动机"。教师继续追问"这样的视角是否全面""这些证据是否真实""这些立场是否客观"，进一步完善"理解不同观点"的问题系统（见图 3-5）。

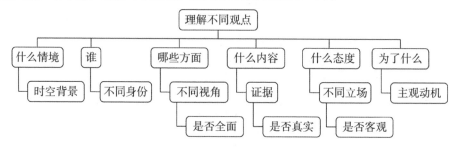

图 3-5 "理解不同观点"的问题系统①

二、持续探索追问的原理与实践

持续探索追问是在问题化学习的过程中，针对已有问题，或初步获得的问题答案、结论、解决方案进行追究探讨。如果说提问发生在问题解决之初，追问则发生在问题解决过程之中或之后。

只有提问，没有追问，还不是问题化学习。追问凸显了问题化学习的一个特质，即小问题的提出促进大问题的解决，新问题的提出深化老问题的解决，问题化学习就是在这样一个不断推进的过程中得以持续、延展与深入。追问是构成问题化学习整个矛盾运动的基本学习活动，是大问题解决过程中的解构与建构过程，解构是对大问题的分析与破解，建构是由追问形成问题系统从而寻找大问题解决的路径。追问也使得问题与问题之间实现了认知性连接，追问的过程也是学生深度建构问题系统的过程。追问对于问题化学习的意义见图 3-6。

只有提问，没有追问，还不是问题化学习。

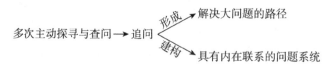

图 3-6 追问对于问题化学习的意义

———————

① 设计者：上海市海滨中学蓝文仙。

如何把握问题化学习中学生"持续追问"这一关键行为呢？第一，追问具有再构性，是"重新思考"。第二，追问具有回溯性，是"追根究底"，既向上追溯，又向前推导。第三，追问具有推进性，是"进一步思考"。第四，追问具有持续性，是"接二连三"地问，是"一而再、再而三、三而不竭"。学习者自主追问体现了一种持续探索的精神。学习者通过问题解决的过程发现了学习的路径。追问使学习者内化了知识，深化了认知结构，发展了学科思维。

学生的追问能力包括追问一个问题，或是学会从不同视角进行追问，以及持续深入地追问。我们可以从不同维度分析追问。从独立与互动维度分析，是教师引导下的追问还是学生独立自主有意识的追问，是在学习共同体中进行的相互追问还是关注自我反省与内在精神的追问。从关键性维度分析，包括能否通过追问厘清、聚焦核心问题，牵住"牛鼻子"往前走，也包括通过追问分解核心问题，明确路径与解决问题的先后顺序。从创新性维度分析，是通过追问寻找到新路径，不拘一格辟蹊径，还是打开一个新局面，突破原有的思考框架。[①]

第四节 解决深度学的问题

深度学习是一种主动的、高投入的、理解的、涉及高阶思维并且学习结果迁移性强的学习状态和学习过程，体现为知识建构上的充分广度、充分深度与充分关联度。建构体现高阶思维的问题系统是实现深度学的有效路径。

一、解决深度学的问题，让学生建构问题系统

这是指由教师组织问题系统，发展为学生自建问题系统，从而把问题解决引向自建构的深度学习。比如，在诗歌鉴赏中，当学生对"写什么、为何写、怎么写"以及"景（物）、情（理）、人（事）"进行追问并形成一种系统性联结的时候，就建构了此类问题解决的问题系统（见图3-7），通过问题系统连接起知识的系统掌握与思维的认知建构。

---

① 王天蓉，顾稚冶，王达，等.学会追问[M].上海：华东师范大学出版社，2020：117-118.

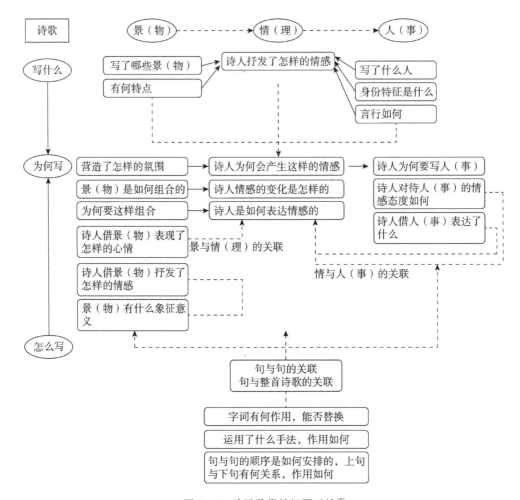

图 3 - 7　诗歌鉴赏的问题系统①

　　在学科学习的过程中,如果学生能学会从不同视角进行追问,比如在学习"如何评价历史人物"时(见图 3 - 8),能追问"他是谁""他做了什么""他为什么这样做""他遇到困难和反对了吗""他成功了吗""他是一个怎样的人"等问题,进而建构问题系统,他们便能学会在特定时空背景下分析历史人物,依据史实解释历史人物,用唯物史观评价历史人物。

---

　　① 设计者:上海市宝山区教育学院邱霞。

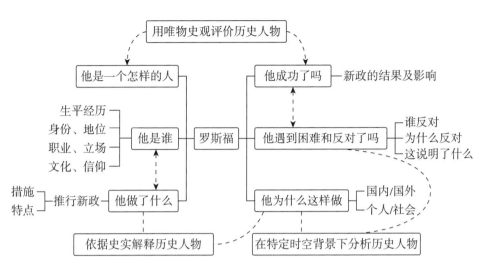

图 3 - 8 如何评价历史人物的问题系统①

问题系统的价值是不仅要见树木,也要见森林,把"散落的珍珠串成项链"。因为就解决问题而言,一个问题是想法,一组问题是思路;一个问题一个脚印,连在一起是一条路。追问的价值在于把问题解决引向深处,持续追问所建构的问题系统,代表的是解决此类问题的一种逻辑体系,有助于学生举一反三、迁移应用。

二、建构问题系统的原理与实践

问题化学习是一种通过系列问题的解决来实现持续性学习的活动。对于学习来说,一个重要的假设就是学生通过系列问题的解决,可以掌握知识、获得智慧。因此,对于问题系统的研究与思考本身也成为问题化学习的重点内容。②

问题化学习不仅强调在学习的过程中以学生对问题的自主发现与提出为开端,而且强调通过问题解决过程中学习者持续地探索与追问,形成特定的问题系统(见图 3 - 9)。问题系统可以通过提问归纳或追问建构,提问归纳与追问建构问题系统的过程,就是学习者学习经验及智慧生成的过程。

---

① 设计者:上海市海滨中学蓝文仙。

② 王天蓉,徐谊. 有效学习设计:问题化、图式化、信息化[M].北京:教育科学出版社,2010:49.

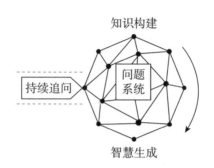

图 3 - 9　追问建构问题系统

　　为了把握问题化学习中建构问题系统这一核心特征,需要注意三点。第一,建构问题系统应发展学习者问题解决的心智模式,关注学生解决问题的思维过程,发展学生良好的思维方式和心智习惯,实现认知升级。第二,建构问题系统应融通知识体系的建构,体现学科学习的规律,发展学科学习的认知系统,精致认知结构,而不仅仅是简单呈现知识地图。第三,建构问题系统应发展多元的学习路径,既能洞察自己解决问题的路径,又能学习他人的不同路径,同时学会把问题系统表征为不同的形态,如问题集、问题链、问题网。

　　学生学会建构问题系统,一是能够在问题与问题之间形成逻辑关系,理解问题系统代表的学习路径;二是在自主建构或合作建构的过程中,能够学会从多个维度建构问题系统,并能理解不同问题系统所代表的学习路径;三是能够对他人的问题系统提出自己的见解,并对比自己的问题系统解释不一样的学习路径;四是能够结合不一样的问题系统,整合和完善自身的问题系统。

第五节　解决互动学的问题

　　课堂不只是个体的认知加工过程,还是学习共同体的集体行为。从学习者的视角来看,课堂上有"我"、和"我"一起学习的同伴,还有能够帮助"我"的教师,这是从当事人的视角体会到的课堂互动三主体,而非从旁观者的视角观察到的课堂互动二主体(教师与学生),具体关系见图 3 - 10。对于问题化学习来说,学生和同伴在一起合作解决问题,既是学习,也是共同生活。

图 3 - 10 走向课堂互动三主体

一、解决互动学的问题,让学生合作解决问题

学生解决问题包括独立解决问题,也包括合作解决问题。学习是对话与修炼的过程,是学习者在问题的求索中发现世界、认识自己、实现交往的过程。合作不仅是相互学习、共同解决问题的过程,也是实现相互分享、相互欣赏与彼此交融的过程。

二、合作解决问题的原理与实践

在问题化学习的过程中,合作发现问题是指合作的学习环境能够让学生更安心地表达自己的问题,并在交流中澄清问题、在互学中生成新的问题。合作聚焦问题是指“以学生的问题为起点、以学科的问题为基础、以教师的问题为引导”三位一体聚焦课堂核心问题,合作的价值就是共同判断最重要的问题,并在这个过程中学习他人不同的视角。合作解决问题是指成员相互依赖、各司其职,共同解决问题。合作分享成果就是通过互动分享使信息增值、知识增值,使智慧生长、生命成长。

为了把握问题化学习中合作解决问题这一互动维度,需要注意三点。第一,佐藤学认为,在一个学习共同体中,学习是知识协商的过程,因此,合作是问题化学习的自然选择,建立相互倾听的学习共同体是合作解决问题的基础。第二,独立解决问题与合作解决问题都是教育的重要目标,合作可以解决学生独自不能解决的问题。第三,合作改变了课堂互动的方式,从而建构了新的课堂生态。基于合作的问题化学习致力于通过有效互动促进学习深度发生。

合作解决问题时,学生要做到以下几点:(1)能够在组长的带领下参与解决问题,认真倾听同伴发言,提出自己的想法,并按照分工完成自己的任务;(2)能够对小组解决问题有所贡献,倾听同伴发言并积极补充,能够提出自己的想法并接纳整合他人的观点,按照分工与同伴协同完成任务;(3)能够引导同伴解决问题,组织同伴有步骤地讨论与解决问题,并通过追问启发的方式帮助组内其他同伴解决问题;(4)能够学会交流与汇报。交流与汇报要求如下:一是能够在教师的引导下按照汇报要求与流程完整表达自己的想法,或基于任务单提示进行交流与汇报,清晰表达自己的想法;二是能够按照任务单提示参与小组的集体汇报,完成自己的汇报任务,能够接纳整合同伴的意见并发表自己的想法;三是能够代表小组,归纳小组成员的意见进行汇报,或能够整合其他小组的意见进行再交流。

第六节　解决终身学的问题

基础教育应该为学生形成终身学习的习惯奠基。学会学习既是当下的课程目标,也是学生面向未来的必备能力,更是终身学习的价值使然。

一、解决终身学的问题,让学生自我设计学习

自我设计学习,就是让学习成为一个自我设计的完整的自觉行动过程,并以此来统领问题的发现、提出、解决、反思过程。这是一种高意识的学习,而高意识是一种提高认知和感知的状态,在这种状态下,个体对现实的本质、自我和生活的各方面会有更深刻的理解。

例如,学生自己策划小组的秋游活动方案时,会经历问题化学习的过程,思考以下问题:(1)我们策划方案的目的是什么;(2)我们准备设计哪些活动;

(3)我们为什么要设计这些活动;(4)我们怎么分工;(5)我们用什么作品展示活动成果。

他们会经历以下合作学习的程序:(1)组长宣布小组活动任务;(2)每个组员分别认领任务;(3)组长解说活动方案;(4)其他组员补充或者追问,分工记录每一部分的讨论结果;(5)组长负责修改活动方案;(6)完成"我们小组的秋游活动方案"小组自评表;(7)做交流汇报准备。

在秋游活动之后,学生会思考活动成果的展示方式。学生设计的学习任务包括创作一首儿歌、创作一个绘本故事、做一份幻灯片、完成一份探究报告、写一篇日记等。

二、自我设计学习的原理与实践

自我设计学习具体包括以下几方面。

一是学生有意识地设计学习任务。起步阶段,学生要明白教师为什么要提出这样一个问题,理解问题背后的意图。发展阶段,面对学习情境,不需要教师和同学提醒,学生自己应该有发现与聚焦核心问题的意识。成熟阶段,学生能够基于需要解决的问题,设计学习任务,分析、判断学习任务对解决问题及学习的意义。

二是学生有意识地自定学习步骤。起步阶段,学生在教师的指导与帮助下一步一步解决问题,能够理解教师的意图。发展阶段,学生要独立分解需要完成的学习任务,制定学习步骤。成熟阶段,学生要综合分析和判断完成任务可能会涉及的变量,考虑周全,对可能遇到的困难有所预判,提出建议,或给自己完成学习任务制订一个完整的计划。

三是学生有意识地调控自己的学习过程。起步阶段,学生要在教师的指导与帮助下,学会评估与分析任务执行的过程,通过具体的工具(如统计表格)呈现问题解决或目标达成的情况。发展阶段,学生要自我主导"发现并厘清问题、聚焦核心问题、建构问题系统、寻找方法工具解决问题、反思修正提升"的完整学习过程。成熟阶段,学生要在学习过程中经常进行清晰度与准确度的核查,能够基于各种变量(如人、目标、时间、步骤、策略、方式、方法等)和任务执行过程进行主动且独立的评估与分析,在解决问题的过程中,及时对学习方案进行有意义的调整,有效应对随时可能出现的困难。

20年探索,问题化学习研究团队基于国情从较难改变的学科教学出发,在"学得主动"与"教得有效"(保障知识体系建构,符合学科逻辑顺序)之间进行艰难的挣扎,终究回归学习的本原,找到了一条"以学习为基点"的自救之路。课堂发端于学生自主提出问题,突围于聚焦核心问题,深化于追问建构问题系统,成长于合作解决问题,持久于自我设计学习,建构形成了变革课堂全学科适用的实践模型。20年的问题化学习实践经历了学习方式的发育和完善,六颗石子(六次行动)最终串起以学习为中心的变革路径,见图3-11。

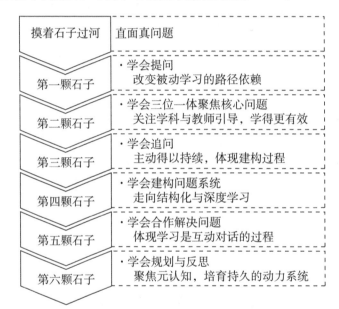

图 3-11 问题化学习的变革路径

（1）第一颗石子——学会提问（改变被动学）；

（2）第二颗石子——学会三位一体聚焦核心问题（让主动学更有效）；

（3）第三颗石子——学会追问（让主动得以持续,让建构的路径更为清晰）；

（4）第四颗石子——学会建构问题系统,不仅是教师组织问题系统,更是学生自主追问建构问题系统（走向结构化与深度学习,实现知识体系建构并形成问题解决能力）；

（5）第五颗石子——学会合作解决问题（学习不仅是个体认知建构的过

程,更是互动对话的过程);

(6) 第六颗石子——学会规划与反思(指向终身学)。

至此,由六次行动串联起来的问题化学习"六大学会"操作体系(见图3-12),作为一个较为完整的学习系统,成为破解教改难题、实现学习者自主发展的一条路径。

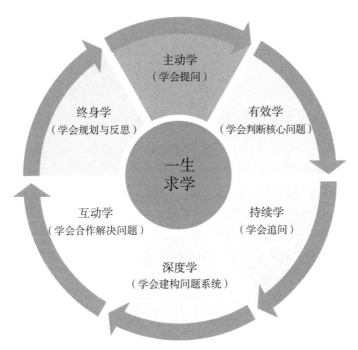

图3-12　问题化学习"六大学会"操作体系

成长录:在课堂奔跑的那些年

　　《课堂奔跑 18 年》讲述的是问题化学习小学数学团队主持人顾峻崎老师所经历的课堂探索故事。这不仅是顾峻崎老师个人课堂成长的 18 年,也是整个问题化学习实践团队的成长缩影;既是课堂实践历程的真实回顾,也呈现了问题化学习自身发育与完善的过程。

课堂奔跑 18 年

王天蓉

(上海市宝山区问题化学习研究所学术领衔人)

　　2005 年,在问题化学习研究刚刚起步的阶段,顾峻崎老师就加入了团队,一直到现在,一路奔跑中成长。应该说,他的成长在某种程度上也反映了问题化学习整个团队在课堂实践上的生长之路。

一、自由提问的课堂生态

　　我第一次听顾峻崎老师的课,大约是在 2005 年。他作为最早一批加入团队的教师,勇敢创建新课堂。那时,他在上海市宝山区通河新村第四小学(现更名为上海市宝山区陈伯吹实验小学)执教,在宝山教育系统做节目主持人,已小有名气。加入问题化学习团队,是因为他当时担任学校科研负责人,而我又恰巧是上海市宝山区教育学院的科研员。

　　我和当时负责指导小学数学问题化学习的冯吉老师一起去听他的课。第一次听到他的课,冯老师开玩笑说:"顾峻崎,你入错行了,你应该去做节目主持人。"顾老师很认真地回复:"可我就喜欢做个数学老师。"

　　那一次的课,具体内容我已记不清了,却能记得他的课堂学生可以插嘴,他鼓励学生把话说完,然后提醒其他孩子一起来关注这个问题。这给我留下了很深的印象。相较于正襟危坐的课堂,顾老师在学生观上,可谓"根正苗红"。于是,我和冯吉老师一致认为,这正是我们要寻找的课堂,虽谈不上严谨,却能让人看到学生未来成长的诸多可能。因为对于教育改革来说,完全遵循教学逻辑的课堂往往在学的方面难有生长的空间。

那天课后我们聊了很久,顾老师送我和冯吉老师去往地铁站,在那条只够一个人容身的小路上,顾老师固执地转过身来,把我们堵在路中,然后重申:"你们知道吗,我真的喜欢做个数学老师!"

第二次听课是在他加入团队之后。在课的开始环节,他允许学生有限度地"自由"提问,再把部分环节从教师提问改成学生提问。这恐怕是所有刚加入问题化学习研究团队的教师课堂实践的起点。但与大家不同的是,顾老师竭尽所能地鼓励学生提出问题,并努力教会他们提问。为了总结顾老师在引导学生提问方面的实践策略,我又专程去听了他一节随堂课"体积与重量",发现他鼓励学生提问很有办法。那个阶段,可以说是他刻意培养学生提问意识的阶段。如根据课题来提问,顾老师会启发学生思考:"看到这个课题,你的脑海里出现了什么数学问题?"(激发关切,了解学生知识、经验的起点)又如在探究的过程中,顾老师引导学生大胆说出自己的困惑:"这时候,你有什么疑问?"(思考矛盾冲突,了解学生真实的障碍)再如,顾老师经常会引导学生追问:"对于这个答案,你有什么要追问的?"面对已有的解答,顾老师会引导学生思考:"猜猜老师会提什么问题。"(激发深究,考查学生对知识本质的理解)继续往下探究的时候,顾老师会引导学生思考:"接下去你觉得老师会提什么问题。"(元认知启发,探究定向)当同伴发生错误时,顾老师会引导学生思考:"你会设计一个怎样的问题帮助他理解? 你能否提一个问题让他意识到自己的错误?"(促进学生洞察错误根源,利用差异进行互学)

他培养学生提问意识的做法,在很多人看来有点刻意为之,甚至有"为了提问而提问"的嫌疑。但我觉得,课堂中有时候确实需要一点"矫枉过正"。因为很多学生都没有提问的习惯,他们在课堂中缺乏安全感。我们需要在改革的长河中去思考特定的发展阶段某种行动的价值,而顾老师总是用实践去检验是否真的有必要,并且通过实践敏锐地意识到行动背后特定的价值。那时的顾老师是小学数学团队中最勇敢的探索者与最有行动力的挑战者。正是因为有了他的努力,才有了学生自由提问的课堂生态。在某种程度上,他教会了学生如何提出问题并清晰表达自己的问题。

这样的实践也印证了马扎诺所提出的理论,学习是先启动自我系统(决定是否介入),再启动元认知系统(建立目标与策略),最后启动认知系统(处理相关信息),但在现实课堂中,我们往往是倒过来的。顾老师竭尽所能让学生提问的背后既有自我系统的唤醒,也有元认知系统的激发与认知系统的操作。所以,你到他的课堂,会觉得他仿佛给每个学生都装上了自主学习的发动机。

二、数学课中的问题不都是数学问题

学生大胆提问的课堂生态建立起来之后,就要思考数学课的学科价值。潘小明老师的经典语录"数学课中的问题不都是数学问题"就是对实践最好的警醒。在"位值图上的游戏"一课中,学生的问题并不在于添加或取走一个小圆片数会产生什么变化,真正的困难在于移动一个小圆片带来的数的变化。这个问题不仅暴露了学生最真实的障碍,也直击学科的内涵,如何在更丰富的数位变化中,帮助学生积累位值概念相关经验,并通过位值图上的实践操作,发展学生的有序思维。"位值图上的游戏"一课,就是顾老师在问题化学习课堂实践之路上的一次关键的自我升级。

在有效的问题化学习的课堂中,教师需要审视核心问题是否体现了学科的核心价值与学生最热切的探究。

问题化学习课堂实施的三位一体首要原理"以学生的问题为起点、以学科的问题为基础、以教师的问题为引导"看起来简单,但要真正理解它的内涵并非易事。教师深度实践后方能逐步感受到,"以学生的问题为起点"的前提是要摸到学生的真问题;而"以学生的问题为起点"中的起点不只是课堂一开始的问题,而是围绕着整个探究的过程,不断生成问题,从而不断刷新学习的起点。"以学科的问题为基础",是指教师需要思考所聚焦的核心问题是否体现了学科的核心价值。就如"位值图上的游戏"一课中,除了感受移动以后数发生了什么变化,还要探究这种变化有没有规律,寻找这种规律时需要数学的哪些思想方法。"以教师的问题为引导",不是说教师不能提问,而是指教师的问题不能局限于让学生获得答案,还要帮助学生寻找方法、探索规律、建构图式、反思过程。

最难的是,三位一体中的"三位"并不是三条平行线,三者之间是不断互动、对话与"相变"的关系,它们共同作用于那个有探究空间的核心问题。在"位值图上的游戏"一课中,顾老师带领学生探讨的核心问题是"怎么移动,才能不遗漏、不重复地找到所有的三位数",因为这既是学生热切探究的焦点,也涉及数学有序思考的基本思想。

要合理地聚焦核心问题,让"三位"统筹"相变"共生,备课方式就会发生变化。记得去杭州上这节课的路上,团队成员充当一个个"难缠"的学生不断提出问题。顾老师的备课纸上,左边一栏是预设的学习活动,右边一栏是学生可能提出的 N 种问题、路径,与之匹配的,是需要教师应对的 N 种引导、回应。

顾老师说,通过这个阶段的实践,他明白了大空间下的核心问题情境如何设计,应该在课堂的所有环节允许学生自由提问,如果学生没有真实的学科问题,学习就不会发生。围绕大空间的问题探究会使课堂变得很难预知,需要做的是做足学生的功课,做透教师的准备。同时进一步运用问题化学习课堂实施的首要原理,三位一体进行教学设计,在学生自由提问与探讨有价值的核心问题之间找到对接、转化的桥梁。我想,顾老师正是在这样一轮又一轮的实践中,寻找到了以学习为中心的设计路径,包括摸清学的真问题、聚焦学的核心问题、预设学的问题系统、设计学的活动、组织学的互动方式与评价支持等。

三、让学生学会追问的日子

课堂就像一群人在打球,这个球就是共同要解决的问题。可是,谁来发球、谁来传球、谁来接球、谁来控球呢?那就好比谁来抛出话题、谁来提问、谁来追问、谁来解决问题。如果课堂永远都是教师在提问、在追问,学生只是解答,那么这样的课堂还是教师在控球,因为学生并不主动发球,他们相互之间也不传接球。所以顾老师说:"我的任务就是想办法把教师的追问变成学生自己的追问与相互追问。"有了引导学生自主追问的策略意识后,他引领小学数学团队在课堂上进行突破。

在让学生学会追问的日子里,顾老师继续挑战"位值图上的游戏"。在学生追问的课堂升级版本中,学生在发现问题中解决问题,又在解决问题中发现新的问题。学生提出"移动一个小圆片,可以得到几个新的三位数,这些数分别是什么",进而追问"怎么移动,才能不遗漏、不重复地找到所有的三位数""怎么移动,才能得到最大的数,最大的数是几""怎么移动,才能得到最小的数,最小的数是几""为什么添上(或拿掉)一个小圆片,只能得到三个新的数,而移动一个小圆片,却可以得到六个新的数""是不是所有的三位数移动一个小圆片,都能得到六个新的三位数"……顾老师用实践证明,学生的追问产生需要问题情境,学生的追问视角需要教师引导,并且这样的追问意识与能力是可以培养的。比如,可以有哪些猜想、如何验证这些猜想、从哪里入手验证、如何有序思考、规律可否扩展、扩展后如何再验证等既是追问的基本思路,也是学科学习的思考视角,本来这些问题在课堂里都是教师在追问,现在要想办法让学生学会追问,那么课堂就翻转过来了,因为教练教会了学生自己发球、传接球,球就真的打起来了。

追问对于提问而言,又把问题化学习的课堂推进了一步。它不仅使学习主动发生,更使学习持续、深度发生。因为追问具有再构性——重新思考;追问具有回溯性——追根究底,向上回溯,向内推导;追问具有推进性——进一步思考;追问具有持续性——接二连三持续探索。对于学科学习而言,如果说提出问题是思考的起点,追问体现的便是思考的过程,它直接承载着数学思考的过程,涵养着数学思维、素养。

四、学生自建问题系统

当课堂里大家围绕一个激动人心的核心问题进行热切的探究,学生不仅自主提问,而且持续追问时,顾老师就将原先由教师建构问题系统逐步转变成通过学生追问建构问题系统,从而再一次让课堂从原先的知识传递过程走向学生认知建构的过程。

学生有了自主追问才有可能自建问题系统。在顾老师与黄惠丽老师共同打磨的"通过网格来估测"一课中,我们看到了这样的场景:围绕着核心问题"怎样制定问题解决的方案",教师引导学生思考"解决这个问题需要分几步,每一步分别干什么""每一步中你们遇到了哪些问题,是怎么解决的",学生自主探究,"可以分格子——追问:怎么分——求解:等分——追问:为什么要等分以及怎么等分——追问:等分成几格以及选择哪一格合适……追问:怎样数点更准"……追问的路径就是问题系统建构的过程,一节课下来,核心问题解决了,解决问题的问题系统形成了,解决此类数学问题的心智模式也建立了。

五、建立真正的学习共同体课堂

中国 2010 年上海世界博览会期间,顾老师被邀请担任世博会场馆的官方主持人。他的现场组织与应对能力再次得到认可,但这一特长对于他从以教学为中心的课堂转向以学习为中心的课堂未必是一件好事。

作为一个有着丰富教学经验并在课堂驾驭上游刃有余的教师,顾老师放下自己原来"主持人中心"的语言优势,在"梯形"2.0版本、"位值图上的游戏"2.0版本的实践中,以更丰富的活动设计与互动方式及工具来推进教学,包括2—3人小组活动、4—5人小组活动等方式,以及学习表情、小条帖、问题板、问吧等学习工具。在建构合作学习共同体的课堂生态上,顾老师实现了自身的再一次蜕变。这也映射了关于学习的一个重要隐喻——学习是知识的社会协商。这个阶段,他与小伙伴(也是一个学习共同体)出版了《小学数学问题化学习课堂实践手册》一书。

当然,学习共同体的课堂中,教师的作用依然很重要。或者说,这个教师更难当。王金玲老师认为,顾老师是问题化学习课堂的"推拉大师",他能够娴熟运用合适的策略(包括复述、复现、聚焦、转焦、搁置、整理等),使课堂不再是一部分人的活动,而是如佐藤学所言,是一个集体逻辑。

六、课程视野下的课堂实践

在上"制作年历"一课时,顾老师又一次挑战自己,打破了原先课时的设计,在单元视野下设计了一个更为整合的学习任务。通过"制作年历"这个真实的任务,学生不仅认识了年、月、日及其进率,能判断大月、小月与平年、闰年,还发现了日历中数的规律并能进行简单的时间推算。学生在探究过程中不断提出问题进而建构的问题系统,体现了单元相关核心概念之间的联系。

顾老师运用 HPM(History and Pedagogy of Mathematics 数学史与数学教育)思想进行"圆的初步认识"的教学。他带着学生饶有兴趣地探究"为什么圆是世界上最美的图形"。这让我看到他作为一位学科教师,已经从课堂的理解逐步走向课程的视野,最终触摸到学科的灵魂。

除此之外,顾老师还进行了一系列的创新实践,他把问题化学习从课堂带到课外,包括鼓励学生在预习、订正时随时提出自己的问题。他与学校课程组汪慧芳等老师一起鼓励学生将课堂生成的问题,做成自己的数学小专题研究。这些都是在课程视域中去思考课堂革新。

七、成为问题化学习者

随着问题化学习研究本身的发育与完善,顾老师在课堂里研究学生如何主动提问、自主追问,如何把握核心问题、合作解决问题、建立学习共同体,从而建构起问题化学习的课堂生态;研究教师如何在课程视野下统整单元,三位一体实施教学,发展学生的问题化学习力,教给学生数学思想和方法。18 年来的课堂持续探索,展现了顾老师作为一个问题化学习者的专业升级之路。每一次的成长,可谓"欲穷千里目,更上一层楼"。然而到此一穷千里目,须知才上一层楼。

当我们把怎么学作为课堂研究的基点时,学习方式的变革带来了课堂转型。然而更激动人心的恐怕还不仅仅在于此。从关注学科课堂教学的变革,到着眼培育面向未来的学习者,在学科教学中实现育人本位的价值,培育终身学习的问题化学习者,让我们看到了未来的路还可以走得更远。

在与华东师范大学汪晓勤教授一起观课时,我明显感受到顾老师在有意识地促进学生的元认知发展。在"圆的初步认识"这节课上,顾老师不时询问学生,"接下去,我们该做什么""对于刚才的学习,你有什么想法"。

问题起于思维,但不止于思维。问题化学习不仅是认知的,还是元认知的,更是主体精神的培育。问题化学习是问题系统形成以及基于问题系统优化学习的过程,也是动机系统激发、元认知系统发展、认知系统优化协同作用的过程。

顾老师说,在"圆的初步认识"这节课上,他把自己退得很后,就是希望学生一直在前面。如果说,"教师也可以是一个主持人"这个隐喻成立的话,那么我们就要思考这个主持人是主播式的,还是起到穿针引线的作用,在嘉宾说话的时候认真聆听。我看到,本来可以成为主持人的顾老师变得越来越不一样,他甚至用了师生角色互换的方法,让学生真正走到了课台前。或许你会说,这不就是我们平时用的角色扮演法,或者说是小先生制,但是,他的实践不同凡响之处就是,在角色扮演的过程中,不断让学生反思为什么要这样做,不断让学生澄清这样设计的理由。这种实践背后的原理是认知学徒制。认知学徒制的目标就是要创造解决问题的情境,让学生清晰表达他们的思维过程,让专家清楚看到学生的思维过程和自己的思维过程有何不同,从而给学生提供帮助,进而建构真正的学习共同体。

一路走来,顾老师一直在思考"怎样让每个学生都问起来,如何让他们问出有价值的数学问题,如何才能摸到他们的真问题""课程中最有探讨价值的问题是什么,问题背后学科的核心价值是什么,学生解决这个问题的核心障碍又是什么""什么样的问题才是有价值的核心问题,一个大问题空间的任务情境如何来设计,在这个设计中学生能否自主发现问题,他们发现后如何来解决,会有哪些路径,分别存在哪些障碍,追问如何突破""教学组织如何进行,才能让学生充分表达自己的想法,让课堂里打起思想乒乓球""追问意识能否培养,相互追问的习惯和课堂生态如何通过每一次有意识的设计来形成""除了让学生担任教师的角色,还有哪些方法能促进学生的元认知发展"……顾老师 18 年问题化学习的探索,就是在不断追问中的奔跑前行。而这场 18 年的马拉松之所以具有源源不断的能量,是因为他本人也是一位问题化学习者。

八、一群人的奔跑

研究就是挑战自己能力的边缘,然后获得成长。一位优秀的教师能否走得远,不在于他现在的课堂有多完美,而在于在他的课堂里能看到未来的多少种可能性。问题化学习对于学生如此,对于教师亦如此。顾老师是一位极具成长性的教师。18 年来,他用持续的热情、勇气与锐气,站在实践领域的前沿,引领团队共同前行。

有人说,好朋友不是通过努力争取来的,而是在各自的道路上努力奔跑时遇见的。顾老师 18 年的课堂奔跑,让他邂逅了很多优秀的教师。他们快乐地追随他,共同成长。

课堂变革的魅力是让每一位教师都在他的课堂中发现了新的研究点,他们在不断探索的过程中感到幸福。当课堂里学生积极提问时,它所激活的生命的涌动与智慧的生长,让人觉得是那样的生生不息。优秀教师希望带领自己的徒弟或同伴一起进行新一轮的实践。就像 18 年前顾老师会在电话那头带着一份冲动告诉你,他希望进行一种新的尝试,希望课题组的教师一起过去听他的课,和他一起"争论",然后大家就从四面八方过去支援他。而如今,他成为这个小学数学团队的领头羊。一节公开研究课,意外地让更多的人来报名参加研究……我想,也许大家喜欢的是这样一种智慧的碰撞,这样一种实实在在的课堂实践,这样一个民主的活力团队……当所有的这些都变成一种自发的行为时,其意义也许超越了教育研究本身。

回味求索之路,你会发现:如果我们只看重研究的结果,那么这种结果很难催生出新的探索;如果我们更关注探索的历程,那么这种历程会让我们在启示与顿悟中找到新的实践之路。

18 年过去了,顾老师在问题化学习课堂中的成长离不开冯吉老师多年的精心指导,以及整个小学数学团队的支持与陪伴,尤其要感谢潘小明老师在关键课上的指点迷津、斯苗儿老师和陈洪杰老师给予的专业引领与无私帮助、基地导师金红卫院长的培育、汪晓勤教授的数学史启迪。一位优秀教师的成长更是离不开学校的土壤,离不开杨镇嘉校长和王新伟校长的一贯支持。能够在梦想学校(上海市教育学会宝山实验学校——问题化学习的母体校)实现问题化学习的课堂理想,我想,顾老师是幸运的。

九、结语

学习是从既知世界到未知世界之旅。在旅途中,我们与新的世界相遇,与新的他人相遇,与新的自我相遇。在旅途中,我们与新的世界对话,与新的他人对话,与新的自我对话。问题化学习,就是为了彼此更好的相遇。

从实践价值看,问题化学习为基础教育改革与发展提供了新的实践方案。问题化学习不仅仅是一种学习方式,它提供了高于具体学习方式的方法论思考。这种方法论思考不仅重建了课堂的底层代码,也为教师实现专业发展提供了一条自我修炼的成长路径。我想,这是顾老师以及他的团队在问题化学习课堂奔跑 18 年所带来的启示。

▶ 第二部分

从一项研究到一所学校

作为问题化学习的母体实验学校，我们培养的是面向未来的学习者，聚焦学生学习的动力系统、元认知系统、认知系统以及德性等的全面发展。我们期待从我们学校走出去的学生有教养，在面对未来不可预测的变化与复杂问题时具有主动适应能力。我们提出"为未来而教，为未来而学"，这不等于我们逃避现实的问题，不回应家长、社会各方现实的需求。事实上，我们正披荆斩棘，力求在"丰满理想"与"骨感现实"之间开辟出一条通路，相信这也是所有问题化学习同行者的期盼与理想。作为问题化学习的一名研究者，以往的探索给了我信心，也正因为如此，才有了这所学校。但今天，问题化学习在一所学校的整体推进，对我而言却是一个全新的课题。我知道，我一个人的信心固然重要，但我们所有教师的信念更为重要。

——徐谊："问题化学习"年会发言（节选）

第四章 集成创新践行立德树人理念

从 2003 年至 2015 年的十余年间,问题化学习始终聚焦学生的学习,经历了从早期基于学习视角的课堂转型、课程建设、队伍发展到后期学校课程教学支持系统的改进,从一开始小学和初中学段部分学科的局部探索到全学科、全学段的探索。通过对大量的教与学行为的分析与对实践智慧的提炼,我们团队初步建立起了比较完整的有效促进学科素养落实与学生综合学力提升的理论和实践体系。随着研究的深入,我们团队越来越渴望有一所问题化学习的母体实验学校(以下简称母体校),让问题化学习已有的成果经历更为系统的检验,让问题化学习未来的探索拥有更为坚实的土壤,同时也让全国问题化学习同行者共同拥有一个"温暖的家"。于是,2016 年在上海市宝山区教育局的大力支持下,我们成立了问题化学习研究所(以下简称研究所),并开办了问题化学习研究的母体实验学校——上海市教育学会宝山实验学校,这是一所全面基于问题化学习认识论和方法论进行系统探索的九年一贯制公办学校。

问题化学习十余年的研究结果告诉我们,每个学生、教师都不一样,我们必须努力去发现学习者的不一样并支持不一样的学习者。对于这所学校来说,它建立在已有的成果基础上,但缺乏系统实验;有学科视角的教师成功的案例,但还没有基于育人视野,能检验问题化学习整体成效的学生发展、教师发展(也包括管理者自身发展)的长周期、大数据的教育实证。于是,研究所和母体校的教师一起从学校组织管理、课程体系建设、课堂教学改进、队伍专业发展、环境技术支持五大方面全面规划,系统实施,不断反思,持续改进……学校快速发展,赢得了社会、家长和教育同行的高度认可;师生快速成长,无论是学生的学业成绩、绿色评价结果,还是教师的专业比赛成绩,在区内都名列前茅;问题化学习研究全面深入推进,一大批高质量成果出现,获得了 2017 年、2022 年上海市基础教育教学成果特等奖和 2022 年国家基础教育教学成果一等奖。所有这些不仅极大地鼓舞了问题化学习的同行者,也更加坚定了全校师生的信念。

第一节 明确理念价值

一项研究课题与一所真实学校最大的不同也许在于变量控制。也就是说,一项研究课题,我们可以聚焦特定的问题,提出特定的假设,设置特定的任务,选择特定的人员,开展特定的活动……这个"特定"就是为了更好地完成研究任务,达成研究目标,验证研究假设而进行的变量控制。事实上,问题化学习之前作为一项研究课题,正是这么做的。然而,当我们把课题研究"升级"为一所学校全面的教育探索和实验时,显然,我们不仅无法预知"变量",更无法控制"变量"。事实上,基于学校实验的目标,我们从一开始就主动放弃了控制变量,不选择特定的生源与教师,不寻求额外的资源倾斜与政策支持,我们希望在最真实的情境下,去验证问题化学习的价值,去深化问题化学习的研究。

一、书写底层代码

汤姆·彼得斯和罗伯特·沃特曼在《追求卓越》一书中有这样的论述,"假设我们现在需要找出一条适用于各种情况的管理建议,一条从对优秀公司的研究中精选出来的真理,我们很可能会这样回答:'设计出你的价值体系'""技术等因素对成功也起很大的作用,但我认为,公司员工是如何坚决拥护和忠诚执行公司的基本信条要比它们都更重要"[1]。

对于一所新学校来说,校长的理念、设想固然重要,但只有让一个人的理念成为一群人的理想,让一个人的设想转变为一群人的设计,让一个人的行为成为一群人的行动,才能让学校站在高起点,行稳致远。

问题化学习之前十余年的探索让我们明白,学习不只是学生的事,更是教师和管理者的事,只有学习才能让我们从优秀走向卓越。所谓教学相长,归根结底是师生围绕着不断发现或产生的问题,展开共同学习的过程。对于学校来说,改革与发展的最终目标,是让其中的每一个学习者都能理解学习、热爱学习、学会学

---

① [美]汤姆·彼得斯,罗伯特·沃特曼. 追求卓越[M]. 北京:中央编译出版社,2004:261 - 262.

习,以此成就最好的自己。因此,学校不应是冰冷的数据,不应是冷漠的脸庞,不应是校长实现个人功利抱负的垫脚石,不应是教师掩饰自己能力不足的遮羞布。学校发展应该是人的发展,应该是遵循规律的发展,应该是有温度的发展,应该是允许有差异的发展。于是,以学习为中心,发现、支持和成就不一样的学习者,就成为这所问题化学习母体校的底层代码。

二、聚焦以学习为中心

英国学者 Chris Watkins 在 Developing Learning-centered Classrooms and Schools 一文中明确提出了"以学习为中心"的教学特征:(1)学习是积极的、协作的、学习者驱动的;(2)聚焦学生的学习;(3)注重学生学习经验的分享,实现个体和群体的共同发展;(4)教师也是学习者①。她认为,以学习为中心的学校也应该具备这些特征。因此,我们的问题化学习母体校充分尊重学校内不同学习者(包括学生、教师和管理者)的个性特征和学习需求,以"学会求知、学会做事、学会共处、学会生存、学会改变"为共同愿景,以实现学习者自主学习和负责任的学习为目标②,通过由学习者驱动的主动学习、合作学习,在实现学习者个体全面而有个性地发展基础上,实现组织全面、协调和可持续发展。它具有三方面的特征。

1. 基于问题解决

不同学习者有着不同的问题,即使是同一类学习者也有着不同的问题。就学校而言,学生在课堂中主要面对的是学科问题,在课堂外主要面对的是成长的问题;教师在课堂中主要面对的是有效教学的问题,在课堂外主要面对的是专业发展的问题;而管理者既需要面对学校专业实践中的问题,又需要解决组织建设与领导管理中的问题,并且,不同学生、教师和管理者面对的问题也不一样。但这些不一样的问题恰恰是学校不同主体学习中最丰富的资源。围绕着

---

① Chris Watkins. Developing Learning-centered Classrooms and Schools[EB/OL]. (2020 - 12 - 31)[2021 - 11 - 09]. https://www.chriswatkins.net/wp-content/uploads/2015/06/Watkins_14_Intl_Hbk.pdf.

② Weimar, M. Learner-centered Teaching and Transformative Learning[M].//E. W. Taylor & P. Cranton (Eds.). Handbook of Transformative Learning: Theory, Research and Practice. San Francisco: Jossey-Bass, 2012: 439 - 454.

问题的解决,不同学习者实现了"教"与"学"角色的自由转换,需求得到满足,目标得以达成。因此,以学习为中心的学校,无论是个体学习还是组织学习,都是基于真实问题解决的学习。

2. 由学习者驱动

以学习为中心的课堂突出强调学习者个人系统(主要包括学习动机等)和元认知在促进学习行为的发生与保持、提升学科认知水平与学习成效方面的重要作用。因此,以学习为中心的学校尊重个体差异,关注个体不一样的需求,鼓励个体自我发展和实践创新。管理者始终致力于把学校建成一个由不一样的学习者的学习需求驱动的学习共同体:学生通过学习掌握知识技能,发展情感素养,获得面对未来变化的主动适应能力和复杂问题解决能力;教师通过学习持续地丰富本体性知识,增长条件性知识,发展实践性知识,走出"经验曲线"①,以个人持续的专业成长应对教育变革,从优秀走向卓越;管理者通过学习,不断改进组织领导,优化组织运行,提升组织的系统化水平,以此增强组织发展的内驱力以及自身应对教育变革的领导力。在这样的学校中,学生、教师和管理者作为平等的学习主体而存在,学习成为学校的核心活动,而管理的目的是支持学习,孕育学习的文化。

3. 注重协商和合作

以学习为中心的学校把负责任的学习作为底层的价值追求,把协商作为解决群体问题和实现组织目标的重要手段,把合作作为实现个体和群体深度、能动学习②的重要方式。这是因为,协商和合作保证了不同学习者作为平等主体参与学习活动的机会,实现了不同学习情境下学习主体间"教"与"学"角色的自由切换,从而优化了问题解决的方法、路径,使整个学校的不同学习者实现共同但有差异的充分发展成为可能。

---

① "经验曲线"又称"学习曲线",由美国波士顿咨询公司创始人布鲁斯·亨得森(Bruce D. Henderson)提出。它是指随着时间的推移,成员对所从事的岗位或工作的熟悉程度、经验积累乃至感情会越来越深,从而有利于改进工作方法,提高工作效率。但是这种经验不会永远增加,随着时间推移,经验的积累也将越来越慢,直至停止。

② 钟启泉. 能动学习:教学范式的转换[J]. 教育发展研究,2017(8):62-68.

三、坚持发现、支持与成就不一样的学习者

学习是一种极为复杂的心理建设过程,学习者知识的获取、能力与情感的发展是个体多重心理机制综合作用的结果,至少受到智力因素(包括智力条件、智力结构和心理技能等)、非智力因素(包括动机、动力和个性特征等)、环境因素(包括资源、空间、工具和人际关系等)等的影响。就特定学习任务而言,除了上述这些因素,不同学习者已有的概念表征还会深刻影响其学习结果,特别是程序性知识与策略性知识的获得。所以,从某种意义上来说,不同学习者的学习是不一样的,而学校就是一个由不同学习者组成的学习社群,他们既自主、平等,又紧密连接、深度依存,学校教育就是基于差异,努力去发现、支持与成就不一样的学习者。学校教育以学习为中心,以学习者充分发展、个性化发展、连接式发展、共同发展为目标,涵盖学校所有教育领域和管理要素的发展方式与实现路径,至少体现出以下三方面的特点。

1. 学校管理——扁平化,去中心化

就学校管理而言,学校要想及时、准确、全面地了解师生的发展需求和障碍,其组织结构一定是扁平化的,只有这样才能让各类信息在传递过程中避免损耗、失真;同时,学校要想成为一个优质的学习"社群",并能激发每一个"细胞"的活力,其运行机制一定是去中心化的。它不以校长或者某个部门领导来推动工作,而是依赖成员间共同的价值取向、一致的行为规范、持续的互动关系,通过不断发展的一致行动能力来推动学校这一"飞轮"往前进。这一体征体现的是对学校现状改进与长远发展规律的认识和把握。

2. 教育教学——课程以学生为中心,课堂以学习为中心

课程是学生在校学习经验的总和,学生发展是学校教育的原点与归宿,发现、支持与成就不一样的学习者,归根结底是为了更好地实现学生发展。因此,学校课程体系的建设、实施必然以学生为中心,围绕着学生发展的目标与要求、问题与需求而展开;课堂是师生学习的主阵地,学生的主体作用、教师的促进作用、目标的导向作用、内容的承载作用等都不容忽视。因此,发现、支持与成就不一样的学习者,就课堂而言,一定要以学生的问题为起点、以学科的问题为基础、以教师的问题为引导来展开交往与互动,以此实现教学各要素的最佳动态

平衡。

3. 队伍发展——个性发展，团队成长

教师的劳动是充满个性化的专业实践，要让教师成为主动的学习者，就必须尊重他们的个性，发展他们独特的实践风格，只有这样，才能让他们从优秀不断走向卓越；而一个学科的发展又必须依赖团队的合作，需要把个体的经验上升为群体的智慧。因此，发现、支持与成就不一样的学习者，就队伍建设而言，一定是在充分激活每一个"细胞"的基础上促进群体成长。

没有发现、不去发现，就不会真正了解、理解我们教育和管理的对象以及我们自己，就不会真正理解并敬畏我们的学生、教师和教育。认真发现是充分支持的前提，充分支持又是最终成就的基础，发现、支持与成就，对己也对人，是彼此发现与共同成就，它们既是理性精神的体现，也是学校教育的应有之义与实践路径。

第二节　重建实践模型

组织行为通常都围绕着"为什么、是什么、怎么样"三个问题而展开。"为什么"指向底层价值理念与行为目标，"是什么"指向表层的呈现内容与行为结果，"怎么样"指向中间层的程序过程与行为方式。不一样的价值理念带来不一样的业务逻辑，不一样的业务逻辑呈现出不一样的样态行为，它如同古代"道、法、术"的论述，术从法，法唯道。问题化学习十余年的探索，在这三个层级形成了比较完整的论述并形成了独特的中间层的教学结构和模型，但它怎么转化为学校组织的实践模型，怎么实现从学习研究到学校实验的迁移呢？

一、主体维度的组织模型建构

从主体维度来看，学校组织一般包括学生组织、教师组织和管理者组织。对于组织运行，它们通常各自又都内含如上所述的价值目标、实践模型、行为样态三个层次，并表现为平面孤立型（见图 4-1）、层级包含型（见图 4-2）、交叉耦合型（见图 4-3）三种组织形态。平面孤立型组织形态让由不同主体构成的小组织以孤立、封闭的方式运行。它的优点在于不同主体的主观能动性高，子系

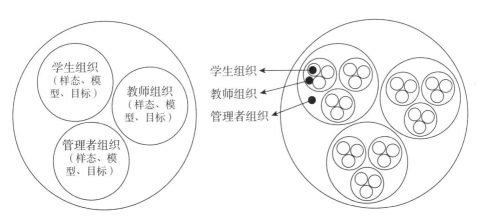

图 4-1　平面孤立型组织形态　　　　图 4-2　层级包含型组织形态

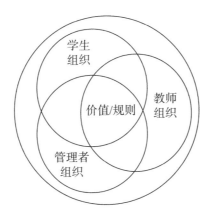

图 4-3　交叉耦合型组织形态

统的运作效能也高。但由于不同子系统在价值理念、目标愿景、思考与行为的逻辑起点等方面并不总是一致的，组织或系统间容易出现各类冲突，从而会降低整个学校大组织的运行效能。层级包含型组织形态打破了不同主体组织间的界限，以统一的目标和模型去呈现最终的样态。在这样的结构中，管理者组织的意志是第一位的，学生组织与教师组织的建设往往在管理者组织所确立的"规定""规则"下进行，管理者组织从某种意义上来说是学校组织的代名词。它的优点是组织冲突少、执行效率高，缺点是小组织缺乏活力和内驱力。交叉耦合型组织形态介于前两者之间。它既强调价值目标和操作模型上的一致，又鼓励实践行为的创造，即学校内不同的组织基于共同的价值与规则实现自组织、自运行。从理想状态来看,它既兼顾了整体的一致性,又突出了局部的创造力。它的优点是既关注了组织运行的效率又兼顾了不同主体的活力和创造性,缺点是它对整个组织的顶层设计、管理者的素养能力以及整个组织的价值认同要求相对更高。

二、问题化学习原理的迁移

基于三位一体首要原理建构起的问题化学习实践模型(见图 4-4),有效降低了学校顶层设计的难度,为建设交叉耦合型组织形态,建构管理视角的实践模型,奠定了坚实的基础。

图 4-4 问题化学习实践模型   图 4-5 管理视角的问题化学习实践模型

就管理而言,模型中学习的主体变成教师和管理者,因此这一模型就演变为以教师的问题为起点,以学校的问题为基础,以管理者的问题为引导,三位一体解决问题(见图 4-5)。以教师的问题为起点本质上是一种问题导向的思维和工作方式,它最大限度地激活了组织内每一个成员的主动性和创造力;以学校的问题(或共同愿景和目标)为基础,使教师(包括管理者)主动且负责任地发展成为可能;以管理者的问题为引导,既是管理者责任与能力的体现,又是管理者问题驱动学习的重要基点;而三位一体解决问题,又最佳地平衡了个体需求与共性要求、个体认知与群体决策、个人创造与团队协作之间的矛盾,使问题解决的过程成为所有成员为实现组织共同愿景和目标的共同学习成长过程。

事实上,基于以学习为中心的学校内涵特征,我们可以发现,驱动学校中不同成员主动学习的原动力是个体真实问题的解决,即学习不再是外部任务而是内在的需求。它的实现,有一个重要的前提条件,那就是每个学习者的问题能够被主动提出或者能够被及时发现，能够被同等对待。然而，学校内不同角色的问题，或者同一角色不同个体的问题，在特定时空内（如课堂中）并不总是能得到全面而即时的解决，又或者在特定的任务或目标面前，个体或者个性化的问题并不一定是共性的或者是整个学校大家共同关心的问题，那么，我们怎么确定需要解决的问题，又怎么在个体与整体、个性与共性间实现平衡和兼顾呢？这就涉及另一个实现的条件，即协商和合作。它也是以学习为中心中负责任地学习的要义所在，即学习不仅是他人在帮助自己解决问题，也是自己支持他人去解决问题。在以学习为中心的学校内，每个学习者都在发现不一样的学习，支持与成就着不一样的学习者。由此，它建构起的是以"你/他"的问题为起点、以"大家"的问题为基础、以"我"的问题为引导，三位一体解决问题的教育教学与组织管理的基本实践模型、行为规则。

三、内容维度的模型重构

从问题化学习实践模型到管理视角的问题化学习实践模型，我们寻找到了学校不同主体间耦合的路径，从某种角度来说，也促进了以学习为中心的学校的建设。事实上，上述实践模型的迁移还带来了学校内容维度的模型重构，见图 4 - 6。

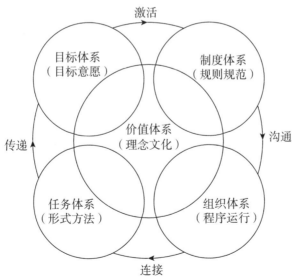

图 4 - 6　内容维度的模型重构

图 4‒7   价值驱动的管理模式

在这一重构中,发现、支持与成就不一样的学习者是其价值核心,也是其逐步形成理念文化、构建价值体系、实施价值领导的原点;从原点出发"生发""转化"形成其他管理要素,包括目标、制度、组织和任务四大内容体系。贯穿四大内容体系建设的是同一个实践模型,即"以教师的问题为起点、以学校的问题为基础、以管理者的问题为引导,三位一体解决问题"。基于此模型,再具体化为各子系统的实施内容,即各类行为样态。以下从内容维度具体阐述问题化学习引领学校组织建设的策略、路径和方法。从某种角度来说,它建构起的是以价值而非任务来驱动的管理模式,见图 4‒7。从中我们可以看到,无论是管理者还是师生的行为,都不再只基于目标和任务,而是更多基于共同的价值信念,在此基础上,全体学习者聚焦三位一体解决问题,协商产生规则,再在规则基础上,各美其美,美美与共。而推动个体和整个学校发展的,是持续的学习和改进。

第三节   变革组织体系

学校组织体系建构主要包括组织结构与运行机制的建设。学校组织结构通常是指把以教育教学为核心的管理各要素,按照一定的方式组合而形成的相对稳定的关系框架或模式。它规定了学校内设的机构或部门、这些机构或部门之间的关系、每个机构或部门的职责定位和职数配置、各机构或部门的管理内容及其行为的依据(如上级文件、内部制度等)。也就是说,学校采用怎样的组织结构形式以及如何把这些组织结构形式结合成为一个合理的有机系统，并以怎样的手段、方法来实现管理的任务和目的。学校运行机制一般是引导和制约学校各类管理决策，并与各类教育教学活动相关的原则规定、配套制度、工作流程、协作方式等的总称，即为保证学校育人目标有效达成和管理任务高效完成而建立的一套内部治理与外部监督的行为规定。其关键是明确不同主体（内外部所有利益相关者，包括个体和组织）如何参与学校建设和发展，如何发挥作用、功能或产生影响。

一、魔方式管理

从某种意义来说，无论是问题化学习实践模型，还是管理视角的问题化学习实践模型，都呈现为一种"耗散结构"。它把课堂或学校变革的力量建立在师生问题的基础上，即把问题作为"开放"课堂或学校这一"大系统"、打破原有课堂或学校"秩序"、远离"平衡态"的根本动能。它把三位一体解决问题，作为"搅动"系统（课堂/学校大系统、要素子系统），持续产生"新物质"，促使各系统"涨落"，并最终实现整个组织"相变"的根本路径。它是对建立在工业革命"效率优先"底层价值基础上的现代学校教育、班级授课和组织管理的结构重塑。我们发现，"以学习者的问题为起点"建构起的是一种关注和发展每一个不一样的学习者、以公平优质为价值取向的底层结构。而这一结构，恰恰符合当前中外教育改革的方向和要求，符合当下教育领域对教育领导者领导方式变革的要求。

在实践中，为了更好地推进问题化学习的探索和有效实现问题化学习者培养的目标，我们以问题为首要导向，以魔方式管理为基本方式，以连接和激活为主要手段，建构起扁平化、交叉耦合型的学校组织体系。

所谓魔方式管理，是指以学习者为中心，以发现、支持与成就不一样的学习者为规则，以贯彻落实各级各类目标和要求为前提，以实现个体与组织"自转"和"公转"协调推进为目标的校本化管理。它把学校的管理方式形象地类比为魔方式管理。因为魔方的意义来自于"颜色不一"，它的转动依赖于"规则"，就如同我们的管理，既要尊重、发展和保护管理对象的多样性，以最大可能地激活他们，让他们实现灵活运转，又要建立并形成共同的价值观和行为规则，以实现整体的、协同的行动。另外，无论是大魔方还是小魔块，都由"点、线、面"到"体"

或"要素、局部"到"系统"这样一种结构组成，这与学校管理的思考、设计与实施等类似。比如，把学校视作魔方，那么各个模块就是学校发展的各种要素。如果把价值理念视作一个小魔块，那么构成这个"体"的就是价值体系建设与实施的各种要素，并且一个或一类要素可以视作一根"轴"，两两组成一个"面"，以此类推。要实现魔方式管理，有这样几种关键要素或管理行为。一是要让自我选择成为价值统一的"芯片"，即做怎样的教师不是一种强加行为而是一种自我选择，践行问题化学习价值理念、探索问题化学习实践方法不是一种外部规定而是一种内在需要。只有这样，被管理者才能真正被"激活"，其专业发展才具备真正的内驱力，持续、努力探索问题化学习才能真正成为他们的一种信念，从而实现从一个人的理念到一群人的理想的转变。二是要让自动运转成为规则迭代的"驱动"，即怎样去做事、怎样去开展协作，各中心和年级部怎么建设，学科与项目组怎么发展，不是由校长或管理者来决定的，而是参与者在共同价值理念与目标下的约定，是大家共同的事而不是一个人的事，从而实现从一个人的设想到一群人的设计的转变。三是要让自主规划成为行为改进的"电源"，即不一样的学习者意味着不一样的学习和发展路径，"我"要怎么做，"我"要怎么发展，"我"在这个群体中可以有怎样的贡献，归根结底需要自我规划和设计，需要在"规则"的照耀下去"野蛮生长"，只有这样，学习者才能有持续成长与发展的幸福感和自信心。如果每一位教师都学会了自我选择、自主规划，有了自我设计和自主管理，那么，学校就实现了从一个人的行为到一群人的行动的转变。魔方式管理本质上是一种分布式领导，也就是说，学校发展不再只是由校长或管理团队来推动，而是在共同价值、目标、规则的基础上，由学校中每一个部门、每一位师生来自我驱动、彼此触动和共同推动。它力图实现的是一种"动车式"的发展，即学校的这列"列车"，每节车厢都"自带动力"，火车头依然重要，但方向、路线和速度等更多依靠的是"共同的约定"（操控系统），它的平稳快速运行更多地依赖于匹配的"铁轨"、优异的系统和良好的动力。

二、扁平化组织

问题化学习秉持"发现、支持与成就不一样的学习者"的价值理念。因此，师生作为问题化学习者的各类信息是学校组织管理的重要资源，也是各级各类管理决策的关键依据。如何避免信息在传递过程中被层层主观过滤而损耗,成为学校组织管理、机制运行的重要问题。为此,压缩管理层级,密切上下级联系,加快各类信息的横向和纵向传递,"赋权"被管理者以激活不同主体的活力,就成为问题化学习组织运行的必然选择。例如,为压缩管理层级,学校在组织结构上采用"四中心""四级部""三层级"模型(见图4-8),校长、书记直接"站在改革队伍中间"。各中心(业务指导部门)的主要功能在于制定标准,中心主任的岗位职责在于为教师的实践提供相关领域的专业支持与帮助,即他们不是上传下达的"传声筒",而是同为专业上具有不可替代性、有余力、愿奉献的课程教学领导者;年级管理部(行政服务部门)的主要功能在于落实任务,年级管理部主任的岗位职责在于执行各中心制定并出台的各类标准,以形成程序性文件的方式加以情境化、精细化落实,并对年级管理部内师生执行标准、落实任务的情况进行评估。从权力特征来看,各中心具有专业评判权,年级管理部具有绩效评估权。因此,在实际组织管理过程中,两者必须也必然相互依赖,相互协作,又独立运行。以下重点介绍课程发展中心和年级管理部的运行机制。

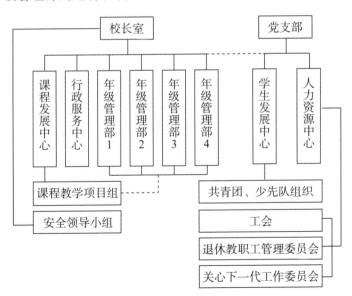

图4-8 组织结构示意图

　　课程发展中心的相关信息如下。一是职责定位。课程发展中心是学校贯彻国家课程标准、执行学校课程计划、满足学生学习需求、保障课程实施质量、负责教育成果输出、组织教师专业活动等的关键部门。中心接受校长直接领导，对学校课程实施质量、学生全面发展、教师专业成长负责。二是组织运行。中心设置主任一名，副主任一名，管理员或干事（可兼职）两名。主任依据岗位职责与管理内容，全权负责部门的管理与运行，副主任协助主任开展工作。管理员或专兼职干事的岗位主要为教务、科研、各类辅导员等。其他岗位的设置，视学校发展酌情调整。三是管理内容，涉及课程规划、课程开发、课程实施、课程评估、专业研修、教育科研、教务管理、学籍管理、档案管理、其他管理。四是执行文件，涉及《×××校本研修管理办法》《×××学生学籍管理办法》《×××教育科研管理办法》《×××课程发展中心主任岗位职责》《×××课程发展中心副主任岗位职责》《×××课程发展中心干事岗位职责》等相关工作程序文件。

　　年级管理部的相关信息如下。一是职责定位。年级管理部是学校贯彻执行课程方案和计划、规划和组织实施各种教育教学活动、反馈各类教育教学信息、协同课程发展中心和学生发展中心对课程实施过程进行监控与管理、开展基于实践改进的各类教学研修等的关键部门。年级管理部接受校长直接领导，对年级管理部内的师生发展及教育教学质量负责。二是组织运行。年级管理部设置主任两名，副主任两名（小学一、二年级一名；小学三至五年级一名；初中六、七年级一名；初中八、九年级一名）。主任与副主任各负责一个年级管理部，独立运作与管理。主任与副主任原则上不同时兼任该年级管理部的班主任。主任依据岗位职责与管理内容，全权负责部门的管理与运行。其他岗位的设置，视学校发展酌情调整。三是管理内容，涉及工作规划、项目管理、活动组织、教师研修、课程实施、质量监控、信息管理、教师评聘、其他管理。四是执行文件，涉及《×××年级管理部管理实施办法》《×××教学事故处理条例》《×××行政管理类制度》《×××人力资源类管理制度》《×××学生发展类管理制度》《×××教师发展类管理制度》《×××公共安全类管理制度》等相关工作程序文件。

第四节 建设制度体系

从本质上来看,学校制度是学校价值与目标的延伸和外显。对学校组织建设来说,教师对教育伦理的坚守,不仅受个体职业道德和专业素养的制约,也受学校制度背后的"基本假设"的制约,也就是说,学校制度的伦理变革会深刻影响个体的价值取向。基于问题化学习变革学校组织体系,其目的在于实现学校分布式领导,即强调领导的实现是领导者与其他因素交互作用的结果,而不是领导的个人行为的作用。基于此,问题化学习把"激活""连接"而不是"控制""惩戒"作为关键词,来指导学校制度体系的系统构建。

一、聚焦"激活"

"激活"的关键是充分的赋权和明晰的职责。"激活"旨在发展、培养师生的主体意识和主人翁态度,即让师生理解学校是"我"的学校,是"我们"共同的学校。在教师组织的制度体系建设中,学校全体教师一起参与制定、修订学校的办学章程、发展规划、管理内容、制度文件,把学校的价值体系转化为具体、确定的发展目标、组织结构、运行机制、岗位职责、管理文件,明确了学校管理的类别、部门的职责定位、运行机制、管理内容。这清晰回答了两大方面的问题:(1)从组织结构来看,学校为什么设置这些部门、确定这些管理岗位、需要这些管理人员,这些部门又是怎么运作的,有哪些管理内容,执行哪些制度,管理者有哪些职责和权利等;(2)从教师个人来看,每一个岗位、每一位教职员工应该落实哪些岗位职责,执行哪些管理文件,以怎样的方式工作,享受哪些权利等。这让教师对学校管理的每一个行为都看得清、看得懂,对个人实践的每一个行为都能够判断、知晓对错。借助自上而下和自下而上两种方式途径,校长和管理团队提高了"解释力"和"参与度",教师也更加明确了原则和规则背后真正的价值伦理。在学生组织的制度体系建设中,学校各年级管理部、各发展中心和班主任群体等,依据问题化学习和问题化学习者目标体系,同样基于"激活"和"连接",让学生一起参与少先队、团支部、班级、社团等组织制度体系的建设。

二、强化"连接"

"连接"的关键是运行的程序和行动的标准。"连接"旨在发展、培养教师的团队意识和合作能力。问题化学习研究团队提出"没有团队的成功就没有个人的成就"。为了让师生深刻认识并自动践行这一理念，学校基于现代学校制度建设的要求与全面质量管理的思想，对学校管理制度体系进行了三个维度上的划分，即基础性文件、程序性文件和支持性文件。基础性文件主要依据上位法律法规与制度规定形成学校内部的行为规范和约定，它确保了师生员工（包括管理者）价值标准的统一；程序性文件体现为各部门、各条线、各项目、各类组织共同确定的工作目标、品质要求和行动流程，它保障的是团队合作的水平和共同行为的质量；支持性文件是为某项工作目标达成和过程精细化而设计的各类表单、台账等，它确保的是各种行为的可追溯。就"连接"而言，如果说基础性文件解释了为何做，那么，程序性文件便解释了如何做，支持性文件则解释了做得怎样。这也就意味着，学校制度系统的主要组成部分就是程序性文件和支持性文件。于是，中层管理者和全体师生就成了制度建设完善的主体，程序与标准成为他们共同行动的约定，"连接"自然发生、持续发生。

总之，问题化学习研究团队始终认为，学校制度是全体教职员工共同的行为和心理契约，学校内部制度建立、完善和执行的主体应该是教师而不是管理者，因为只有这样才能更好地形成行为改进的内在驱动力。最好的管理不是没有管理而是看不见的管理，看不见的管理意味着组织和个人的"自运转"，以及组织制度和行为的"自迭代"。

第五章 以四项任务培养问题化学习者

教育部 2014 年印发《教育部关于全面深化课程改革落实立德树人根本任务的意见》后,中国基础教育正式进入基于核心素养的改革深化阶段。建构新视域下的中国基础教育研究新范式和实践新模式,对教育者来说既任务艰巨也使命光荣。就问题化学习而言,母体实验学校的开办正值中国学生发展核心素养研究成果发布之年,由此,它也面临两大全新挑战:(1)如何转换研究视域,系统完善并重新建构起面向 21 世纪关键技能及中国学生发展核心素养的问题化学习理论;(2)如何升级学科实践,系统梳理并全新建构起聚焦学科中观视野的问题化学习学与教的结构模型。问题化学习研究团队聚焦立德树人,通过集成创新,系统回答面向未来的问题化学习,我们要建设怎样的学校、培养怎样的学生、发展怎样的教师、提供怎样的课程、开展怎样的课堂、实现怎样的发展等一系列的问题。

第一节 设计"自适应"的课程

所谓"自适应"的课程,是指学校课程体系能够充分支持学生个性化学习和发展的需求,并且能够根据学习者需求的变化,自动地调整课程内容、实施方式和进程等,使其与学习者的学习基础、能力和需求相适应,实现课程最大的育人价值,取得最佳的实施效果。

一、"自适应"课程的逻辑

除了专家视角基于学科领域知识的逻辑体系编制并实施课程外,问题化学习力图建构的是学校课程发展的另一条逻辑,即基于问题解决的课程逻辑。它基于这样一些对现实问题的思考:首先,基础教育评价改革以及新课标、新教材实施的要求,事实上改变了教师教学的"底层模型",即从原本"学科问题到学科结果"的线性结构转变为"情境问题到学科问题到学科结果到情境结果再回到情境问题"的螺旋结构(见图 5－1)。两种结构的差别在于前者的教学更多指向"学科学习",后者的教学则指向"学会学习"。从这一模型中可以看出,学习不再是从确定的学科问题出发,而是从复杂情境中学习者发现和提出学科问题出发;不只是解决学科问题,获得确切答案,而且把这一结果通过解释变成结论进而对情境做出具有说服力的评价。显然,从学校课程教学变革来看,基于"问题解决"去重构实践的逻辑和结构,既是目标方向,也是要求任务。其次,从学科走向学习,从知识技能获得走向学科素养发展,更加依赖学生的主体参与、主动参与。如果说之前的线性结构决定了教师是影响最终教学结果和质量的关键因素,那么螺旋结构决定了学生才是最大的变量,至少与教师同样关键。这也意味着,如果不能让学生成为学校课程学习的主体,忽视学生"个性化学程"的建设和自主学习的开展,那么不仅不足以落实新课改要求,也不可能真正升级学校的课程,不可能真正满足学生个性化学习的需求,不可能充分支持学习者全面而有个性的发展。最后,从情境出发回归到情境的学习,离不开学科学习,离不开系统的学科知识和技能的获得,但它又不止于学科学习,也不是学科知识与技能的简单运用。它一定还需要跨学科、真实情境下的问题解决,因此,学校课程教学的升级必须走出分学科建设与实施的窠臼,用问题去连接学科,让学习融通学科,也只有这样,学校整个课程教学管理体系才能真正具备升级的可能。

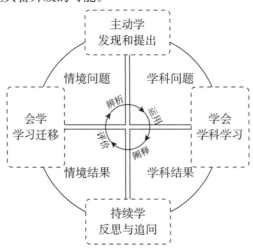

图 5－1 学科问题化学习模型

二、"自适应"课程的特征

问题化学习实现学校课程的"自适应",建立在上述以学会学习和问题解决为主线的课程体系建设新逻辑的基础上,即课程不再仅要求学科知识和技能的获得,更要求学科素养和问题解决能力的发展;课程不再只是自上而下的学校"供给",更是学生基于个体学习和发展需求的自我"生产";课程不再只指向"知识"分领域、分学科的拓展,更聚焦"学习"跨领域、跨学科的重构。学校课程行动(包括建设、实施和评价等行为)的主体不应只是教师,还应包括学生;课程实施的场景不应只在课堂、校内,应该是学生所有学习和生活的场景。就学校课程行动而言,"自适应"具体表现在两方面。

一是以问题为导向,以学习为中心。以问题为导向,意味着学校课程行动的内容和方式发生了转变。就行动内容而言,它不再只关注学校课程行动的预设目标是否达成,不再只聚焦管理者课程领导和管理的问题是否解决,而是更加注重学校整个课程行动过程的质量,即是否全员、全程积极参与了,是否所有人的问题都被足够重视了并且大家的行为都在改进,是否学校发展中的问题正在系统地得到解决。就行动方式而言,它不再只是自上而下推动,不再只是基于效率、标准的过程控制,而是基于共同价值目标的双向甚至多向互动以及基于创新、创造的"心智"发展和行为改进。以学习为中心,意味着学校课程行动的基点和重点发生了转变。就基点而言,"学习"建立起了学校课程行动最大的"交集",学校课程行动的目标不再只是提升现时各主体行为的质量,还包括更重要的未来可持续发展的可能。因此,以学习为中心不仅仅是学校开展课程行动的基点,也是撬动学校整体变革的"支点"。就重点而言,以学习为中心意味着学校整个的课程行动是一个生态的高质量学习者社区、学习型组织打造的工程。无论是学校管理、教师教学还是学生学习,都将围绕学习"三系统"而展开。

二是三位一体,中观设计。三位一体,从发展角度意味着管理者、教师和学生通过课程行动,系统地提升学习的动力、毅力和能力;从管理角度意味着学校、教师和学生等借助课程行动,统筹、协调、合作,系统地解决各自的问题;从教学角度意味着借助课程内容,系统地解决学生问题、学科问题和教师问题。

因此,三位一体问题解决背后的系统思维、系统设计和系统实施是学校课程行动的总起点。中观设计是指课程实施与教学改进的"切入口"和"作业点"从中观切入,从设计出发。它是指从教师的视角出发,相对于领域课程的"宏观"和课时教案的"微观",基于生活主题或知识专题,具备狭义课程要素,去开发建设多教时和学时的综合学习方案。它聚焦学科育人的要求与立德树人根本任务的落实,充分考虑教师探索问题化学习分学科、跨学科设计与教学的最近发展区,为联通以学习为中心的学科课程与课堂,打通基于问题解决的跨学科课程开发与实施,寻找到切实可行的教师课程行动的起点。

三、建构"自适应"的课程教学体系

这一体系包括核心素养视域下聚焦学习力的课程(教学)目标体系、聚焦适应力的课程(教学)内容体系、聚焦建构力的课程(教学)实施体系、聚焦生长力的课程(教学)评估体系。近年来,问题化学习研究团队在课程(教学)目标建设方面,创造性地建设了问题化学习力目标分类体系、全学科全学段中观序列化目标编码体系、学科核心素养指向的学习目标制定标准等;在课程(教学)内容建设方面,重构了校本课程体系,建构了涵盖七大学习领域(语文、数学、英语、科学技术、社会科学、艺术审美、运动健康)、四种修学方式(基础必选、差异必修、差异选修、潜能发展)、两大类型课程(分科、跨学科)的校本课程体系,特别是"潜能发展"类课程,其内容建设更多来自于学生基于问题化学习的自主"学程"的创生;在课程(教学)实施方面,基于问题化学习学与教的实践模型,重构了国家课程校本化实施的框架,建构了指向核心素养,聚焦"学科内和跨学科"认知、元认知双发展的单元和突出"前端学习与后端学习"知识、能力双建构的设计流程;在课程(教学)评估方面,建设了指向"双基"、能力、素养的学科和跨学科的六种类型的作业与资源库,建构了基于"学分银行"的问题化学习者综合素养评估体系等。

第二节　成就"自教育"的学生

"自教育"即"自我教育",广义上是指受教育者以一定的世界观、方法论为

基础,认识主观世界,教育自己的全部过程,通常也称自我修养;狭义上是指德育的一种方法,即自我批评。问题化学习的"自教育"是广义上的"自我教育",也就是个体(也包括群体)为获得自身的全面发展,主体和客体合二为一的自我认识和自我改造的社会实践活动。

一、"自教育"德育的逻辑

德育的外在化、知识化、断裂化是影响其实效性的主要原因,而德育之所以存在这些问题,又与我们"以教学为中心"(自上而下)、"要素主义"(德育渗透)的实践模式和思维方式有着密切的关联。有研究者指出,"这种观点(德育渗透)在理论上是不成立的,在实践中也是有害的"。这是因为,"德育具有自身的质的规定性""学校活动育人功能的综合性"决定了"学生是一个完整的人,学校任何一项活动都或轻或重地影响学生德、智、体、美等方面的发展。在学校各项教育活动中,德育都是与智育、体育、美育并行于其中的,并非如德育渗透说所言,德育渗透于智育、体育、美育之中"①。问题化学习认为,道德是一种自然选择而不是外在形塑,德育的最终目标是让学习者未来选择更为道德的生活。道德的养成本质上是学习的结果,德育就是教与学互动的过程,也就是三位一体问题解决的过程。因此,德育并不是需要渗透于其他诸育的独立的学科和领域,当德育与其他诸育都以学习为中心,都基于同一个底层结构开展的时候,学校五育也就自然实现了并举和融合。对于德育来说,问题化学习的首要原理恰恰遵循了学生道德养成的基本规律,也破解了学校五育融合在实践上的难题。

第一,问题化学习提出以学习为中心,强调学习既包括对外部科学世界的求知,也包括对内部心灵世界的求索,也就是说,学生通过学习,建构起的是作为人的完整的意义世界,而不是功利化、工具化的知识世界。第二,问题化学习中的问题,既包括学科领域的问题,也包括真实生活中的问题,它让知识获得(也包括道德养成)成为一种生活方式,真正让科学世界与生活世界、道德与生活合二为一,也让学校德育与智育融为一体。第三,问题化学习的首要教学原理,强调了学生自我系统在学习中的关键作用,让德育首先表现为学生有目的、

①　金维才. "德育渗透说"之质疑[J]. 教育研究与实验,2001(1):28-31.

有意识、主动的道德实践，让道德养成真正具备内源性和可持续、可生长的驱动力。而首要原理所内含的三位一体的问题提出与解决，又很好地达成了德育所要实现的让学生具有理性精神的目标，即学生既具备独立思考能力和批判精神，能够选择自己的生活方式、价值取向，又承认并尊重他人的独立性，能够遵守公共生活的规则，并把这种追求正义、平等、合作的公共生活的理性看作形成社会信赖的基础①。第四，问题化学习突出强调问题系统和问题系统解决在学生知识获得、技能提高和情意发展中的作用，即把学习和发展视为生命体成长的连续过程，是身心从不成熟到成熟、认识从低阶向高阶持续"进阶"的过程，很好地解决了学校德育如何提升系统性的问题。总之，问题化学习让我们最终确立了这样一条对德育工作的信念，即道德养成的过程就是学会学习的过程。

二、"自教育"德育的特征

基于问题化学习的德育，既强调了学校、家庭和社会等外部影响在学生良好德行养成中的必要性和重要性，也强调学生自我教育在价值内化、信念生成中的关键性，并且突出后者，即把自我教育置于外部教育之上。同时，问题化学习还提出，真正内化为恒定价值观并自然外显的良好德行，最终来自学生对自我的认知与自然的选择，而学校德育，归根结底是要成就能实现自我教育的学生。由此，问题化学习把自主选择作为学校德育设计、实施和评价的起点，让个体道德行为的发生，建立在自我价值判断和自主选择的基础上，从而切实避免把德育简单化为宣传说教。

三、建构"自教育"的德育体系

这一体系主要包括目标体系、规则体系、内容体系、方法体系和评价体系（见图 5-2），涵盖德育目标（应然目标和实然目标）、德育场景（学科学习和真实生活）、德育方法（问题化学习和躬行实践）、德育过程（三位一体问题解决和个体主动反思调控）、德育结果（知行合一和自我教育）。基于应然和实然的德育目标，实现了教育外部影响与个体内部选择的统一，让道德不再是外在的知识

---

① 金生鈜.教育为什么要培养理性精神[J].教育研究与实验，2003(3):12-16.

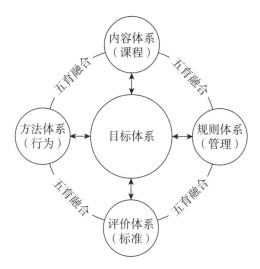

图 5-2 "自教育"的德育体系

概念或不可实践的美德；基于学科学习和真实生活的德育场景，重新构建了学校德育的实施路径，让德育在全时域、全场域中发生；基于问题化学习和自我躬行实践的德育方法以及三位一体问题解决和自我反思调控的德育过程，让德育不再是学生被动地接受教育，而是在五育融合下主动地学会认知、学会学习、学会共处、学会做人、学会改变；基于知行合一和自我教育的德育结果，让德育评价指向学生自我效能感的增强而不是外部规则标准的执行，更不是纯粹的学业表现，即德育是为了让学生变得更好，让他们知道怎样能够成为更好的自己，而不是甄别优劣。显然，在这一框架中，无论是目标还是评价，充分发挥学生的主体作用都是整个德育行动的主轴。就具体的实施载体或建设方式而言，在实践中，它体现并依托两本自主训练手册。

　　一是《金猴成长手册》。它适用的对象是小学学段三至五年级的学生。基于问题化学习者的培养目标体系，它聚焦小学中高学段学生发展中五大关键问题的解决。它涉及五方面：（1）个性品质——如何让学生具备在群体中学习、生活的规则意识，能够懂得自律、合作和尊重他人，养成良好的生活和学习习惯，具备反思的意识和自我管理的能力；（2）自我意识——如何让学生对自己的成长与学习具备初步的认知能力，能够初步学会计划自己的生活和学习，并按照计划来调控内容与过程；（3）动手实践——如何让学生形成劳动的意识与能力，能够通过运用各类工具、技术,尝试分析、解决生活和学习中的真实问题,借助合作、指导,初步具备探究的能力;(4)学科学习——如何让学生在学习中具备问题意识,能够主动发现与提出有价值的问题,逐步学会自主地建构问题系统,基于问题系统来完成学习任务,同时,主动连接生活世界,初步具备学习迁移能力,发现并解决社会生活中的道德问题;(5)家校共育——如何让家长充分了解和及时掌握孩子的各类发展信息并积极参与孩子的学习活动和社会生活,能够按照学校对学生家庭、社会生活所提出的行为要求与评价内容,配合学校对孩子进行教育、引导和评价。《金猴成长手册》的具体模块内容包括学习计划、学业表现、错题整理、课题探究、作品报告、家庭生活、职业体验、安全实训、公益劳动、一周学分等。

二是《梦想修炼手册》。它适用的对象是初中学段六至九年级的学生。基于问题化学习者的培养目标体系,它聚焦初中学段问题化学习者养成中六大关键问题的解决。它涉及六方面:(1)个性品质——如何让学生对公共生活或社会交往形成强烈的规则意识,能够对良好品行做出正确价值判断和明智选择,具备自我教育与慎独能力,知行合一;(2)学习内驱——如何让学生成为主动学习者,让喜欢学习成为学生稳定的心理倾向并有力促进向外和向内的持续学习;(3)元认知能力——如何让学生对影响学习或行为结果的各种变量有清楚的认知,能够学会选择策略、规划步骤,调控过程,建设个性化的学程或问题解决方案;(4)动手实践——如何让学生正确认识劳动的价值,养成主动劳动的习惯,具备社会生活的基本技能(包括信息技术能力),在学习和生活中,能够通过自主、合作和探究的方式来完成相应的动手实验项目、课题,熟练运用各类工具、技术,进行创造性的劳动;(5)认知思维——如何让学生关注学科知识和技能获得的过程与方法,能够通过问题化学习来提升学科学习的能力,通过主动学习迁移提升解释和解决公共生活中道德问题的能力;(6)家校共育——如何让家长充分了解和及时掌握孩子的各类学习信息并积极参与孩子的学习活动,能够借助本手册配合学校对孩子进行教育、引导并提供充分的学习支持。《梦想修炼手册》的具体模块内容包括学习计划、学习小组建设、学业表现、我的学程、错题整理、实验探究、作品报告、家庭生活、职业体验、社会实践、游学考察、公益劳动、安全实训、一周学分等。

总之,基于问题化学习的德育始终相信,"大学之法,防患于未然"。最好的德育不是等问题出现了,有一个工具箱或百宝箱去应对和解决,而是从一开始就尽量不让问题产生,而最佳的策略是让学生从小学习并最终能够自我教育。

第三节　发展"自驱动"的教师

所谓"自驱动"的教师,是指学校教师无论是个体还是群体,在实践改进和专业素养、技能的发展方面,都能体现"不待扬鞭自奋蹄"。从教师学习的三大系统来看,表现为动力上的"自燃",毅力上的"自主",能力上的"自强"。

一、"自驱动"教师的逻辑

问题化学习着力解决学习者学习的动力问题(动机系统)、毅力问题(元认知系统)和能力问题(认知系统),这一目标同样适用于教师这一群体。因此,问题化学习的首要原理就成为发展"自驱动"教师的实践模型,即以学习为中心,通过三位一体问题解决来提升教师的学习力和发展力。具体而言,就是以教师的发展问题为起点,以学校的改进目标为基础,以管理者的有效作为为引导。教师的发展问题既包括专业发展需求的问题,也包括专业发展障碍的问题。就教师队伍建设来说,学校的改进目标既包括对学科队伍等整体发展的前瞻思考,也包括对其分层分类、有差异发展的具体设计。管理者的有效作为既包括管理者在对教师问题、学校问题理解和把握基础上的亲身实践,以自身的"问题解决"去引领指导和示范辐射,也包括管理者基于专业的认识和思考,有效整合教师和学校的问题,去规划设计高质量的队伍建设方案,甚至具体的校本研修方案。显然,这一队伍建设的逻辑起点不是管理者"要做什么",而是教师"需要管理者做什么",管理者的聚焦点是促进学习而不是完成工作,队伍建设的最终目标是有效解决教师个体和群体发展的动力问题、毅力问题和能力问题。

二、"自驱动"教师的特征

1. 自燃

在教师队伍建设的目标上,问题化学习旨在让教师的专业发展从"点燃"走向"自燃",也就是说,"点燃"是初始状态,"自燃"是最终目标和理想特征。打造"自燃"的教师,意味着学校管理者要有主动"发现和提出问题"的能力。一是对教育改革要足够敏感,对学校发展要有洞见,要结合两者去积极思考教师会面临和正面临哪些问题,学会判断和分析哪些是重点问题,哪些是核心问题。二是要珍视教师的问题,把学校的问题"隐藏"其后,管理者要时常提醒自己,教师的问题有没有被及时发现,学校的问题有没有被充分理解,要在两者的基础上发现教师专业发展的共同需求,并通过实践来满足这种需求。三是要全程、全身心地与教师一起参与问题解决,要主动发现和追问问题,要对教师的改进行为始终保持宽容和赞赏的态度,对教师的创新创造给予及时而积极的评价。总而言之,从"点燃"到"自燃",从个体到群体,有一个营造改革氛围、形成改进共识、积聚变革动力的过程。而以学习为中心,基于首要原理的三位一体问题解决不仅为目标实现提供了可能,也为行动的深度开展奠定了基础。

2. 自主

"自驱动"的教师是具备发展"毅力"的教师,能够主动规划个人专业发展,能够主动调控发展的过程,能够主动评估和反思发展的质量。这也意味着,持续的改进和反思应成为教师的一种职业习惯和行为方式。从"他主"到"自主",要求管理者有系统建构问题的能力。所谓"系统建构问题",就是管理者把影响教师自主发展、自主设计、自我调控、自我反思等的问题加以全面而系统的考虑,通过建立和完善各类机制,持续增强教师个体和群体主动发展的意识和能力。具体而言,它至少包括这样几方面。一是保障专业发展设计自主性、真实性的机制。在实践中,我们时常会发现,很多学校也要求教师进行个人专业发展规划,但教师通常走过场,文本常常格式化、空洞无物。这些学校的管理者通常把这一问题归因为教师个人发展的意愿和动力不足。事实上,更深层次的原因也许在于教师发展的需求被忽视了,学校对教师专业发展的支持不充分。也就是说,管理者并没有建立有效的三位一体问题产生和解决的机制,进而去发现问题、凝聚共识和满足需求。二是保障规划持续、有效实施的机制。要确保教师自主设计的个人专业发展规划有效实施,至少需要三方面的机制:(1)智慧分享机制,建立并完善智慧分享机制是指让每位教师都有"能见度",让他们能够把想的做出来、把做的说出来、把说的写下来、把写的传播出去;(2)团队合作机制,建立并完善团队合作机制是指让每位教师都有安全感,即把三位一体的问题解决转化为大家能够一起做事、必须一起做事的工作机制以及一致的目标和标准、共同的任务或工作内容;(3)评价激励机制,建立并完善评价激励机制是指让每位教师都有获得感,让他们的每一个主动而积极的创新创造行为被及时肯定,每一个合理而迫切的专业发展需求获得及时的满足。

3.自强

从"自燃"到"自主",是教师个体"问道""明术"和"知法",从而持续自强的过程,也是学校"发现、支持与成就不一样的学习者"理念落地的过程。就问题化学习而言,教师队伍建设的目标并不是让教师成为"流水线"上下来的统一规格的产品,而是让每位教师成为"不可复制"的独特的艺术作品,即打造形成不一样的教师教育"品牌"。就管理者而言,如果说教师"自燃"需要具备主动"发现和提出问题"的能力,"自主"需要发展"组织和建构问题系统"的能力,那么"自强"则需要提升"问题系统解决"的能力。一是系统建立可进阶的发展指标。从新手、新秀,到能手、高手,再到首席、正高级教师,每一个阶段有着不一样的要求,每一个阶段教师的专业发展都有可参考的标准、可进阶的路径和可实现的可能。这就要求学校层面系统地建立教师专业发展的诊断和评价体系,明确"称谓"之间的边界和联系,特别是明确每一个"称谓"所指向的核心素养和关键能力。二是系统开展有差异的品牌建设。在问题化学习中,"品牌"不仅指教师个人,也指学科群体;既可以是"人",也可以是"事"。因此,有差异的品牌建设,实际上就是基于问题解决的学校整体立德树人根本任务体系的系统设计与实施。在实施过程中,始终坚持分层、分类指导,始终坚持以学习为中心,实现有差异的发展。三是系统打造能"走远"的信念文化。一所学校能走得远、走得好,关键要素是人,但决定这些人能"走",特别是能"一起走"的关键也许是价值认同。今天,我们都知道建设优质校园文化的重要性,而优质校园文化的实质是信念,也就是学校中的大多数教师拥有共同的、正确的价值观,并且他们愿意坚守这些价值观,最终把这些价值观内化为共同的教育理想。由此,就教师队伍建设而言,就是要从价值、制度、行为入手,聚焦学生和学习,建构形成完整的学校教育支持系统。

三、建构"自驱动"的队伍建设体系

这一体系包括聚焦行为改进的专业知识生产体系建设、聚焦自我设计的专业发展保障体系建设、聚焦品牌打造的问题化学习指导力进阶体系建设。专业知识生产体系是一整套聚焦教师主动发现和提出问题的能力,促使教师把想的做出来、把做的说出来、把说的写下来、把写的传播出去的研修机制。专业发展保障体系是一整套聚焦教师组织和建构问题系统的能力,确保教师发展设计自主性和真实性、规划实施持续性和有效性的保障与激励机制。问题化学习指导力进阶体系是一整套聚焦教师问题系统解决的能力,保障教师从问题化学习新手到专家持续进阶的指标体系和评价体制。

第四节　开展"自连接"的合作

所谓"自连接",是指学校的教育合作表现出主体维度上的自觉性、目标维度上的自主性、内容维度上的自发性和方法维度上的自生性。学校教育合作的"自连接"既是基于问题化学习的学校教育治理的目标,也是校长及其管理团队(包括班主任等)的工作要求与评价标准。同时,问题化学习也为实现学校教育合作的"自连接"提供了坚实的理论指导和方法保障。

一、"自连接"合作的逻辑

问题化学习的独特价值在于它不仅为优化学与教的方式、全面提升学校课程实施质量提供了具体的方案,还为改进学校管理、系统提升组织运行效能提供了相匹配的、一致性的认识论和方法论指导。就学校教育治理中的重要一环——协同育人而言,问题化学习研究团队认为,学校通过建立和完善学校、社会与家庭等的合作机制,优化学校改革和发展的外部环境,拓展师生教与学的外部支持,都只是手段而不是目的,它归根结底是为了促进学习者的学习和成长。事实上,只有当不同主体都作为平等的学习者参与合作,并且把参与学校教育活动作为基于问题解决的学习机会和资源,并促进自身和他人成长时,教育合作、协同育人才能找到同一个逻辑起点,实现最有效的整合。从这一认识

出发,问题化学习以学习为中心、三位一体问题解决的策略、路径和方法,又为学校建构起新的教育合作逻辑、顶层设计整体实施方案,提供了方法论层面的指导。这一新逻辑体现在以下几方面。

首先,从"学习"这一行为的终极目标和价值内核出发,学校教育合作的本质就是建构一个优质的学习者社群。当下,在社会、家庭和学校协同育人中存在意愿不强、成效不彰等问题,主要原因是三者在目的目标、兴趣需求、内容方法上不能达成或者保持一致。即使大家主观上都认为是为了孩子、为了学生,都在支持、服务和奉献,但这种只有输出而没有输入,只有所谓的工作成绩而没有真正的主体成长的协同方式,是难以获得深刻而持久的动力的。因此,真正的教育协同,必须让不同主体具有共同的目标归宿——让学生成为平等的学习者,成为积极的问题化学习者,依托"教育协同"共同学习、密切合作、彼此成就和一起成长,这样才能从根本上破解教育协同中的问题和障碍。

其次,从构建优质的学习者社群这一工作目标出发,学校形成了设计上的框架主线与行动上的策略重点。第一,从关系着手,即建立规则体系。它旨在明确教育协同各主体的权利和义务,界定学校学习者社群内部不同组织成员与外部非成员的身份边界,以增强成员的社群意识,包括归属感和认同感。第二,在情感上"着墨",即密切交流沟通。它旨在增进不同主体的相互了解,提高不同主体参与学习者社群建设的积极性与参与度,强化彼此的情感依赖。第三,在成长上着力,即丰富与完善以问题为导向、以学习为中心的工作内容与共建机制。它旨在提升全社会对学校教育这一特殊社会子系统的价值理解和科学认识,提升学校对教育作为社会大系统的责任理解与使命担当,提升家长对孩子身心成长的理性认识和对家庭教育规律的把握能力。也就是说,围绕着教育共同的原点——孩子,教育者、家长等都在合作和协同中学习,都在学习中成长。

总而言之,如果说教育协同让不同的主体都有了获得感,那么,这种获得感一定包括情感和认知,而问题化学习就是帮助构建起这样一种以学习为中心的基于情感和认知的教育合作网络的新逻辑。

二、"自连接"合作的特征

一是有真问题、真需求。大家坐下来密切沟通、坦诚交流,直指问题、直面需求,共同设计、合作解决。问题化学习坚持以问题为导向,有效避免了教育合作中各主体为合作而合作的任务观点和形式主义,极大地激活了各主体参与的积极性和自觉性,提高了合作的质量和水平。

二是以对方的需求和问题为起点,坚持三位一体问题解决原则。问题化学习的首要原理,让教育合作真正建立在"理性协商"和"推己及人的协同"基础上,有效地实现了目标的动态生成和协调统一,并且随着工作的推进,与之相适应的内容不断"自然生长",方式方法不断"灵活创新",最终建立起网状立体的基于情感和认知的教育合作网络。

综上所述,在深化教育改革这一大背景下,学校教育越来越离不开社会和家庭的支持与配合。事实上,无论是立德树人根本任务的落实,还是五育并举目标的达成,仅仅依靠学校教育是不可能实现的。因此,让社会、家庭和学校教育"系统开放",基于共建学习者社群这一理念,在坚持问题化学习首要原理的原则下,持续地"交换能量",强化彼此的连接,才能真正构建起支持与成就每一个学生的教育大环境,也才能真正产生高质量的教育合作。

三、建构"自连接"的家校合作体系

这一体系的建设主要包括两大方面。

一是价值体系的构建。构建价值体系是学校开展教育合作的前提和基础,这里的价值体系是指学校和家庭(也包括社区)形成并建立的共同的工作理念和信念。在实践中,我们确立了两条基本工作理念。其一,学校把学生当孩子,家庭把孩子当学生。这句话的深层含义是,学校应该像家庭、教师应该像家长那样"抚养"学生;家庭应该像学校、家长应该像教师那样"教育"孩子。学校像家庭,意味着学校是令学生感到安全和温暖的港湾,教师是学生最可信赖和依靠的家人;意味着学校和教师始终公平地对待每一个孩子,总是以最大的耐心去对待孩子成长中的各类问题,即使恨铁不成钢,也不会把孩子推到门外。教师像家长,意味着教师在教育中始终把"爱"作为所有方法、技巧、行为的前提和起点。家庭像学校,意味着家庭是孩子获得知识与技能、懂得伦理与规范、健全身心与品性、发展素养与能力的重要场所,家庭的作用不仅仅在"养"更在"育";意味着家长应该注重言传身教,遵循孩子身心成长和认知发展规律,因材施教。

家长像教师,意味着家长在家庭教育中坚持"立德树人""五育并举",懂得敬畏孩子和尊重专业,而不仅仅是聚焦分数。总之,学校要把学生当孩子,家庭要把孩子当学生,就是在家校合作中,学校和家庭、教师和家长要相互理解、推己及人。其二,合作的目的是共同去发现、支持与成就不一样的学习者。家长对孩子的了解之所以深而全,是因为家长长时间地陪伴孩子,通过长时间的陪伴有了更多的发现,而更多的发现带来的是充分和恰当的支持,而充分和恰当的支持能够最大限度地成就孩子。对学校来说,对学习者普遍规律的认识并不意味着对个体差异的忽视,我们所要做的,是尽最大可能地破解现代班级授课制"效率优先"带来的问题。在面对一个大的学习者群体时,我们即便做不到,也依然尽最大努力像每一个孩子背后的家庭和家长那样,去发现、支持和成就他们。这就是学校和家庭达成共识的基础,双方只有合作,才能获取更多、更全面的信息,才能更好地成就孩子。在具体操作上,可以通过"虚实相间"的策略和方式建构这一价值体系。所谓"虚",即学校既在各种场合,借各种活动,全方位立体持续地传递学校的办学理念、办学目标,学校教育教学等方面的改革举措背后的科学认识与价值取向,也在具体推进家校合作,实施三位一体教育的活动中,对举措、做法等进行更为具体的理念阐释与行动思考。所谓"实",即学校把家校合作或三位一体教育所秉持的理念、价值,转化为具体的制度、规则,转化为具体项目、特定活动等的指导思想、行动策略乃至评价标准,切实让理念落地。

二是行动体系的构建。行动体系的构建具体包括三方面。其一,确立预期成果。所谓预期成果,是指通过家校合作或者学校、家庭、社区合作各方可能产生的收获。确立预期成果旨在明确通过推动家校合作或三位一体教育,各方所能实现多赢的具体方面和具体内容,以此夯实合作的基础,增强合作的动力,并在必要的情形下作为合作成效评价和检验的标准。其二,明确职责边界。所谓职责边界,是指学校、家庭、社区在参与教育治理和协同合作时各自负责的工作范围、承担的工作任务以及完成这些工作任务所需和所应承担的相应责任。关于这一方面的内容,我们具体参考了教育部 2015 年 10 月印发的《教育部关于加强家庭教育工作的指导意见》中的相关规定。其三,明确协同内容。所谓协同内容,是指基于共同的目标与预期的结果,在明确职责边界的基础上,形成学校、家庭、社区的具体合作内容。在实践中,我们参考了国家相关文件和国外众多研究,结合学校实践,制定并形成了三位一体的工作框架。

　　有研究者指出,推动合作体系质量完善,需要我们特别关注八方面的要素,即强有力的领导机制、团队合作、书面的年度合作方案、妥善实施的活动项目、充足的资金、周详的评估、同事的扶持和关系网络、对合作方案加以持续完善①。聚焦多赢的教育合作,对学校教育者来说,除了上述内容,更重要的是拥有一颗服务于教育、奉献于教育的"赤子之心"。教育无他,唯心至上!

---

　　①　[美]乔伊斯·L. 爱泼斯坦. 大教育:学校、家庭与社区合作体系[M]. 哈尔滨:黑龙江教育出版社,2016:3.

第六章 "所校盟一体"创新机制体制

教学成果的推广与转化一直是大家关注且需要突破的难点。从 2003 年开始,我们以课题组方式进行研究,课题结题之后,通过扩展学科团队、建立实验学校进行推广实验。自 2016 年成立研究所以来,我们坚持学科团队与实验学校"两条腿走路"的推进策略,从而形成学校整体推进与跨校教师学科工作坊互为支撑的实践模式,形成了"所校盟一体"的推广机制。

第一节 "所校盟一体"体制框架

一、"所校盟一体"体制

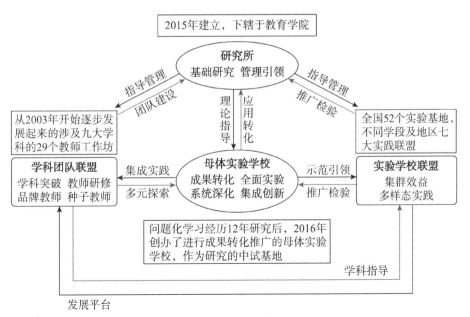

图 6-1 "所校盟一体"体制框架

"所校盟一体"奠定了系统实验的体制框架与有效机制，这得益于2016年上海市宝山区教育局成立研究所，创办成果推广转化的九年一贯母体实验学校——上海市教育学会宝山实验学校，把原先12年课题研究的成果，放在一种真实而复杂的学校情境下进行全要素的系统实验，集成创新转化为可靠、可移植的经验。"所校盟一体"体制框架（见图6-1），使得问题化学习研究从原先课题研究的"实验室"小试阶段走向中试阶段，也使得研究在基础、应用与开发三个层面能够良性互动。

母体校作为中试基地，是集成创新的孵化器，承担新实验的探索、新样态的呈现、新成果的孵化等职责。"院所校一体"也为"实验学校的集群发展""教师活力团队的制度保障""多样态实践与成果检验""教学研究的知识转化""成果推广的传播机制"带来了新的生态。

二、学科团队与实验学校双主体

传统自上而下的市、区两级教研能较好地实现学科教学的专业引领，但难以满足基层教师与学校的内在需求，而校际横向联合教研体现了自觉需求却在专业引领上参差不齐，因此，两种结构各有利弊。

问题化学习实践从建研究所开始，就采用学科团队与实验学校互为支撑的双主体推进结构。学科研究团队除了研究所专职研究人员外，聘用区教研室学科教研员作为特约研究员，同时培养、发展优秀的团队基层教师为品牌教师，共同服务指导区域内实验基地。目前，研究所共有小学语文、中学语文、小学数学、中学数学、小学科学、中学科学、小学英语、中学英语、中学史地、道德法治、体育、艺术、幼儿教学、跨学科学习方面的14个学科团队。2021年成立了"宝山·嘉定"小学语文问题化学习读写链联盟、小学自然上海工作站等实践联盟。实验学校的结构涉及1所母体校、18所区内实验学校、50多所全国实验学校。自2019年开始逐步形成了"沪·杭"小学实践联盟、长三角"沪皖苏"等10个省际实验学校联盟。

通过使用学科团队与实验学校"两条腿走路"的推进策略，我们形成了学校整体推进与跨校教师学科工作坊互为支撑的实践模式，也形成了教育局领导，教育学院研究所引领，母体校示范，实验基地、实验学校形成实践联盟，区域推进、省际互动、协同共进的工作局面。

第二节　母体校中试基地

一、母体校的集成创新

以学生的问题为起点、以学习为中心,问题化学习建构起的是一种以关注与发展不一样的学习者,以公平优质为价值取向的底层结构。从某种意义上来说,它是对效率优先的传统班级授课的价值重塑。正因为如此,它的探索深刻且充满挑战。自 2016 年创建母体校以来,由点到面,母体校全学科推进、全员实施,把多年来各个学科的实践积累,从学生学习研究、教师教学变革、课堂结构转型、课程形态创新、教师发展模式到学校育人方式实现了系统化的实践集成与创新。

这一阶段主要实现了成果的全面推广。研究所组织教师工作坊、全国实验基地、省际学校联盟进行全学段推广。采用"所校盟一体"与"教研修一体"的机制和实践研究,通过学生学习成效、教师专业发展实验数据多次验证,形成了学科、学校、学段多层面持续迭代优化的系列实践成果。

二、学校整体实施的四层转化体系

我们基于问题化学习学校、学科变革的系统性要求,建立了涉及四个层次和阶段的推进策略,即创新方式方法、优化实践模式、遵循结构模型、重塑底层价值(见图 6 - 2)。

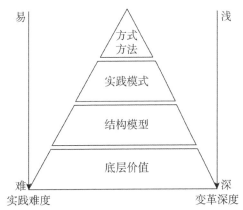

图 6 - 2　四层结构学校实施体系

第一层，创新方式方法—改进界面，能行活

在创新方式方法—改进界面阶段，基于问题化学习已有研究成果，实践教师成熟的经验、做法，小范围进行实验探索，改进学校教育教学，包括管理的行为。

第二层，优化实践模式—更新系统，能行实

在优化实践模式—更新系统阶段，基于问题化学习在学校教育不同要素上已经形成的行动策略与路径、操作模式与要求、实践内容与标准，在局部进行闭环式实验探索，迭代学校原有的教育教学，包括管理的设计。

第三层，遵循结构模型—固化算法，能行稳

在遵循结构模型—固化算法阶段，基于问题化学习的核心结构或在学校教育不同要素上的实践模型，结合学校办学实际，在局部深度而创造性地开展实验探索，积蓄学校变革的力量，形成教师（包括管理者）问题化学习的思维方式和行为习惯。

第四层，重塑底层价值—重塑价值，能行远

在重塑底层价值—重塑价值阶段，基于问题化学习的价值理念和方法系统，重构学校的信念体系、目标体系、制度体系和任务体系，全要素、创造性地开展学校系统变革，改变组织的心智模式，重建组织的驱动力量，实现学校发展方式与质量增长方式的转型。

上述四个层次中，前三个层次主要聚焦技术改进，第四个层次聚焦价值重塑，但技术和价值在实践中是相辅相成的。事实上，上述认识的深化与经验的提炼，不仅有效解决了母体校自身建设和辐射引领难以兼顾的难题，也为整个实验群体学校、学科的顶层设计与实践推进奠定了坚实的方法论基础。

技术改进实践，带来的是专业的发展；价值坚定信念，激发的是专业的自觉；技术与价值的交融和强化，激发出了整个学校发展的动力和活力。从学校管理来看，基于上述四个层次的变革策略和路径，关键还是要坚持问题化学习的底层价值，即在管理上要坚持以教师的问题为起点，聚焦组织学习，发现、支持与成就不一样的教师。

从底层价值、结构模型、实践模式、方式方法四个层次建构从理论到实践的变革体系，不仅有效促进了母体校实施问题化学习的系统实践，有助于完成实验发展和辐射引领的双重任务,也为不同学校架构了有利于系统实践推广的顶层设计,实现了成果推广的体系创新。

第三节　学术传播机制

一、教育年会与暑期研修

研究所与母体校的一体化建设成为教育成果有效转化的一种独特机制。研究所与母体校创建后,问题化学习研究迅速突破。学校所获得的快速发展,离不开研究所的专业支持。而研究所的丰硕成果,更离不开母体校在集成创新与辐射推广上的核心作用。正因为这所学校所承担的改革使命,我们可以用它每年承办的全国教育年会与全国暑期教师研修活动来分析其研究的脉络,并见证这所学校发展的足迹。

2015年11月20日,第一届全国教育年会,围绕"面向未来的问题化学习者"这一主题,学校确定了育人导向的问题化学习整体改革实验。

2016年8月21日至23日,暑期教师研修,围绕"重新·从心出发——为问题化学习者而设计"这一主题,徐谊校长作了题为"出发·成就每一个问题化学习者"的报告,研究所王天蓉老师作了题为"问题化学习者的理想课程"的报告。学校在筹备过程中完成了整体实验问题化学习的五年发展规划、学校管理手册、课程教学手册,架构起全面推进问题化学习的组织设计与教学实践体系。

2016年12月12日至13日,第二届全国教育年会,围绕"为问题化学习者而设计"这一主题,徐谊校长作了题为"因为对明天我们有个承诺"的报告,研究所王天蓉老师作了题为"问题化学习研究回顾与展望"的报告,共同明确了"所校盟一体"在"十三五"期间的实验规划。

2017年6月24日至25日,暑期教师研修,围绕"发现不一样的学习"这一主题,学校进一步明确了其育人目标是发现与支持不一样的学习者。

2017年12月11日至12日,第三届全国教育年会,围绕"发现·支持不一样的学习者"这一主题,徐谊校长作了题为"发现与支持不一样的学习者——问题化学习母体校的实践"的报告,研究所王天蓉老师作了题为"追问能力是可以培养的"专题报告,改革进入深化地带。

2018 年 6 月 26 日至 27 日,暑期教师研修,围绕"课堂·深度实践问题化学习"这一主题,进行"追问能力是可以培养的"专题研修,各学科、各学段的教师都来探讨怎么变"教师追问"为"学生追问",如何孵育学生追问,明晰"学生持续追问"在整个问题化学习中的关键价值。

2018 年 12 月 14 日至 15 日,第四届全国教育年会,围绕"追问·培育问题化学习者"这一主题,徐谊校长作了题为"问题化学习推进的学校行动路线"的报告,研究所王天蓉老师作了题为"追问·未来"的报告,进一步回应 2018 年度开展"追问·培育问题化学习者"的行动脉络。

2019 年 6 月 29 日至 30 日,暑期教师研修,围绕"生长·问题化学习力"这一主题,明确教师自己也是问题化学习者,可以通过"追问的自我修炼"成长为问题化学习者,关注了在追问中发展审辨性思维的核心意义。

2019 年 12 月 27 日至 28 日,第五届全国教育年会,围绕"生长·让问题化学习力可见"这一主题,徐谊校长作了题为"让学习力生长——问题化学习的底层结构及其实践路径"的报告,研究所王天蓉老师作了题为"十问问题化学习——循证·让问题化学习力可见"的报告,学校的改革实验逐步进入成效检验阶段。

2020 年 7 月 4 日至 20 日,暑期教师研修,围绕"让问题化学习力可见"这一主题,徐谊校长作了题为"问题化学习的单元设计"的报告,研究所王天蓉老师作了题为"三位一体聚焦核心问题"的报告,关注"双新"背景下学校课程教学的升级。

2020 年 12 月 3 日至 5 日,第六届全国教育年会,围绕"生根·问题化学习再出发"这一主题,徐谊校长作了题为"做高效能教师"的报告,研究所王天蓉老师作了题为"问题化学习能力目标修订及解读"的报告,再次明确了教师在改革中的关键作用。

2021 年 6 月 24 日至 25 日,暑期教师研修,围绕"生机·赋能每一位问题化学习者"这一主题,徐谊校长作了题为"基于问题化学习的育人模式创新"的报告,全面汇报学校办学以来的成果,研究所王天蓉老师作了题为"问题'化'了吗——问题化学习的四层结构"的报告,探索母体校育人成果系统建构、全面推广的可行路径。

2021 年 12 月 8 日至 18 日,第七届全国教育年会(主题是"循证·让问题化学习力可见")的召开,标志着学校围绕问题化学习的改革实验进入全面成效检验阶段,相关成果为问题化学习大面积推广提供了可靠的依据。

2022 年 7 月 20 日,暑期教师研修,围绕"问题化学习与未来同行"这一主题,徐谊校长作了题为"教育数字化转型与问题化学习"的报告,研究所王天蓉老师作了题为"课堂的问题逻辑与数字化循证"的报告,问题化学习在教育数字化转型背景下升级发展。

2022 年 12 月 17 日至 18 日,第八届全国教育年会,围绕"数字化成长·落实核心素养的学研与教研"这一主题,徐谊校长作了题为"区域教师数字化知识共同体构建——从问题化学习实践模型到区域教研方式变革"的报告,研究所王天蓉老师作了题为"让素养可见——课堂数字化循证的宝山实践"的报告,问题化学习成为区域教育数字化转型的中坚力量。

2023 年 8 月 21 日至 25 日,暑期教师研修,徐谊校长作了题为"20 年后再出发:问题化学习的底层逻辑与未来愿景"的报告,研究所王天蓉老师作了题为"20 年后再出发:问题化学习的推广路径与循证实践"的报告,系统梳理了 20 年的实践成果与未来愿景。

2023 年 12 月 14 日至 16 日,第九届全国教育年会,恰逢问题化学习研究 20 年,围绕"探索未来学习新样态"这一主题,徐谊校长作了题为"问题化学习 20 年:发现、支持与成就不一样的学习者"的报告,研究所王天蓉老师作了题为"问题化学习 20 年:变与不变"的报告。面向未来,问题化学习需要探索与前行,也需要守正与创新。

这些活动见证着这所学校基于问题化学习的研究脉络所建构起来的培育问题化学习者的底层结构与逻辑体系,深化了问题化学习作为一种学习方式的教育意义。

二、学科团队与工作坊研修

1. 学科团队建设

问题化学习研究所通过建立区域学科团队、设立学科团队主持人、评选学科团队品牌教师、培育种子教师,进一步将问题化学习教师研究团队建设成一支优秀的教师团队,在问题化学习研究成果实践推广中发挥辐射作用。

在工作职责方面,学科团队主持人负责学科团队研究的规划领导、组织管理和研究成员的聘请,负责种子教师的招募和品牌教师的培植与选拔。学科团队主持人引领学科团队的实践与研究工作,每学期确定一个研究专题,带着团队一起开展研究与实践,学科团队成员参与学科团队的实践与研究工作。学科团队主持人与成员需要不断更新和改造自己的知识结构,虚心学习,不断进取,以适应问题化学习实践发展的需要。

在团队组织管理方面,学科团队主持人是研究所专职研究员,大部分是研究所特聘的研究员,参与研究所的重要会议;学科导师的聘用由研究所与导师协商确定。学科团队成员由学科导师与成员共商确定,研究所备案;学科团队由 5 人以上组成,研究所备案。团队成员参与研修活动计入区级研修。

2. 品牌教师培养

在工作职责方面,品牌教师确定问题化学习研究个人专题,并围绕学期研究的目标扎实有效地开展研究工作;参与课堂实践研究操作指南的开发;每年承担研究课一堂,指导或个人参与问题化学习研究所组织的"问道课堂"教学评比活动;每年至少带教问题化学习种子教师一名;每学期至少完成问题化学习一个课时的课程开发工作,并成为该课程开发的主讲教师。

在团队组织管理方面,品牌教师由问题化学习研究所评选,并统一颁发证书;问题化学习研究所负责品牌教师的日常联络、管理工作,并邀请有关专家指导;支持品牌教师形成独特的教学风格,并在问题化学习微信平台上开设个人品牌专栏;每年提供一次外省市访学交流的机会,提供学术指导,在区级以上刊物上两年至少发表一篇论文,指导并资助出版个人专著;一年一次在区级以上论坛作为主讲人进行专题报告,一年一次参加市级以上的学术会议;提供一年两本以上的教育教学名著,提供专业研究需要的情报、工具;问题化学习研究所定期评选优秀品牌教师,并给予奖励;品牌教师参与问题化学习研究如果流于形式,将视为自动退出。

3. 种子教师培育

在种子教师招募方面,由研究所公布相关招募方案,自荐与推荐(学校与品牌教师推荐)并举,并由问题化研究所择优录取。

在活动参与方面,种子教师积极参与问题化学习研究所组织的相关学习活动;进行问题化学习课程教学活动,每学期至少进行一次课堂实践汇报,可以由品牌教师进行相关指导;积极撰写问题化学习研究反思与案例,择优发表。

在退出机制方面,一学期不参加问题化学习研究团队的学科研讨活动或研究所组织的研修活动,或两年没有实践汇报课、不具备问题化学习研究能力的视为自动退出。在晋升机制方面,对连续两次汇报课获得团队好评、相关经验具有创新突破价值、在问题化学习微信平台及相关刊物上发表文章的种子教师给予表彰,并将其晋升为品牌教师。

演讲录：讲在母体校创办之际

这是 2016 年，在母体校创办之际徐谊校长在全国问题化学习教育年会上的演讲稿。它回答了这是一所怎样的学校、我们要培养怎样的人、我们提供怎样的课程、我们开展怎样的教学，以及我们发展怎样的教师等问题。至 2016 年，问题化学习通过十余年的实践，从一项研究走向一所学校，因为对明天我们有个承诺。

因为对明天我们有个承诺

徐　谊

（上海市教育学会宝山实验学校校长、上海市宝山区问题化学习研究所副所长）

一、这是一所怎样的学校

对于一所学校的筹建，我们往往贯穿着这样一条思考的逻辑主线，即办一所怎样的学校，培养怎样的学生，怎样去培养，而在每一个逻辑节点上，我们又至少需要回答"是什么""为什么""怎么样"这样三个问题。这也就意味着，对于崭新的上海市教育学会宝山实验学校来说，它必须集中回答这样几个核心问题，即"这是一所怎样的学校，为什么要办这样的学校""学校要培养怎样的学生，为什么要培养这样的学生，怎样去培养这样的学生"。

我曾经看过哈佛大学教育研究生院柯尔斯滕·奥尔森博士的一本书——《学校会伤人》。在书里，她基于一个专业工作者的理性与一位母亲的感性，用许许多多生动的案例向我们描述和分析了"学校伤了谁""都有哪些伤害""为什么学校要伤人"。其中，她引用的一名成功的学校创办人的话让我印象尤为深刻。

"我上幼儿园的时候是个快乐的小孩，有着丰富的想象力，而且也有着巨大的学习热情。然而，在传统教育体系的多年经历中，我丢失了我的快乐、想象力和热情。所有这些都在早期教育中逐渐消失，留下来的是个机器人，与外部世界的标签保持一致。教育体系专注于根据所谓的'先天才能'组织和区分学生。如果你得到高等级，测验成绩好，在学校里表现全面，你就是聪明的，但是如果你表现不好，你就不聪明。这极大地伤害了我的自尊和自我概念。这种社会构造分类一次又一次地刺穿我的自尊盔甲，最后达到了自尊的冰点，甚至导致自我厌憎。"

学校怎样才能不伤人？柯尔斯滕·奥尔森博士给出了她的答案——反对学校旧文化、重拾学习的乐趣。她认为的"旧文化"，是指学校里一套旧式的观念和态度，它建构的教学是等级森严的，它建构的学习是消极的，它建构的学校官僚结构是服务于成人而不是学生的。

我们从十多年前就开始研究问题化学习，当时一个最朴素的想法是通过研究让自己更懂自己的孩子——他是怎样学习的，他为什么会这样学习，他怎样才能乐学、会学、学好。正是这项研究，让我陪伴孩子成长的这段时间变得充满乐趣，幸运的是，孩子也如我期待的那样，成了一名问题化学习者。这段研究的经历也正好伴随我当校长的经历，事实上，我也一直试图在努力让学校成为一所问题化学习的学校，让学校中的学生也成为问题化学习者。尽管也许家庭之于学校，自己的孩子之于其他的孩子，客观上存在着个体与群体、独特性与普遍性的差异，但至少我得让学校变得"不伤人"！

由此，如果让我来回答上海市教育学会宝山实验学校的几个问题，我的答案是清楚的。

它是什么：它是一所"实验"学校，优秀只是它的外部特征，它力图在分析、研究现有基础教育与学校办学存在的普遍问题的基础上，通过"实验"来建构一种"新文化"，包括新的观念、态度、做法，让学校"不伤人"。

它为什么：它着力培养面向未来的问题化学习者——他们乐学、会学，能学好，又有教养，他们具备面向未来、满足终身发展和未来社会发展需要的必备品格和关键能力。

它怎么做：它在继承的基础上，以创新的思维和做法，建构起一种真正以学习者为导向、以学习者为中心的学校教育。

事实上，虽然学校刚刚开办，但从艰苦的筹备开始，学校的第一批伙伴早已经团结在一起,"战斗"在一起。他们是一群充满教育理想的人,有着不必提醒的专业自觉,拥有根植于内心的专业修养以及为他人着想的专业行为。正如陶行知先生的名言,教是为了不教。对于一个校长、一所学校来说,管是为了不管。

正是基于此,新学校在管理上确立了如下的核心理念:(1)学生的事是最重要的事,离学生最近的人是最重要的人;(2)学校管理的主要工作在于激活、连接、创造;(3)学校通过扁平化的组织实现"去中心化"的管理,其要义在于让学校对学生的事做出最迅捷的反应;(4)学校倡导教师的自组织,其要义在于让最重要的人连接并给出最恰当的解决方案。

我期待着这些理念成为成就这所学校灿烂明天的底层代码,成为根植于这所学校每位教职员工的基因。我期待着专业能够成为这所学校最鲜明的特征。

二、我们要培养怎样的人

《学校章程》中指出,我们要培养有教养且有未来适应性能力的人。

1. 培养完整的人:自然的人＋社会的人

人类整个思想的发展史、科学的发现史、技术的革新史、社会的进步史都是在不断发现新问题中解决问题,又在解决问题中发现新的问题。这既是我们问题化学习研究的思考起点,也是我们培养从学会自主学习到实现自我教育的问题化学习者的实践路径。也就是说,我们基于学生问题的发现与解决,从科学、技术、思想(人文)、社会四大领域着手,以学生对自我的认知与教育为核心,用"人与自然、人与社会"两个维度来贯穿教育过程,从而形成完整的人的概念。

具体来说,我们把作为完整的人的问题化学习者的培养落实到智慧养成与智慧生长上。

2. 培养智慧的人:认识世界＋认识自我

我国著名哲学家、教育家冯契先生在其《智慧说三篇》中指出,智慧"既以认识世界为内容,又关联着认识自己",智慧是对知识的超越而指向个体的"自由德性"和"理想人格"。

因此,对于问题化学习者来说,智慧将体现为这样一些必备品格和关键能力。

认识自我:有德性(有自我概念、道德伦理观念、价值审美、国家意识且身心健康）。

认识世界：有知识（阅读表达、数理技能），会学习（学习内驱、学习调控、问题解决），善应对（通用技术、生活技能），能合作（沟通合作、跨文化理解），爱创造（创新精神、实践能力）。

智慧养成在问题化学习中，主要是指学习者依托三位一体的教育支持，通过"向外的学习"，形成理想的品格和能力。

智慧生长在问题化学习中，主要是指学习者在智慧养成过程中，通过"向内的学习"，获得"自由"的德性和技能。这里的"自由"指向学习者"对自己""对他人""对社会""对工具"的更为个性化的认知与独立的思考判断。

正如古希腊著名哲学家苏格拉底所认为的，教育的目的在于引导年轻人通过认识自己获得知识，接近永恒真理，寻找最高的善——智慧。而作为问题化学习者的未来学校，我们的最终目的，正在于帮助学生并与学生一起"止于至善"。

三、我们提供怎样的课程

在未来，学校的课程将更加个性化，以满足每个学生的学习需求；课程是学生成长的"通道"，而非固定的"跑道"。围绕着问题、问题化学习，让学生无穷无尽的问题成为我们学校教育和课程体系升级的源代码。

课程需要校本化，校本化的实质是实现个性化；"教程"需要学程化，学程化的实质就是让学生对学习有选择权，以此逐步清晰自我，懂得规划人生，学会自主管理；学校有限的智力资源是不可能满足每个学生的学习需求的，学校课程体系的建设与完善，最佳的方式是"众筹"。

1. 课程"众筹"，让学校课程丰富且可延展、可参与且有选择

课程"众筹"是指学校课程体系建设与完善所依托的主要方式，即基于学生的需求，让各类社会优质资源参与学校课程的建设、实施与评价，真正让除学校公共课程与公共知识之外的代表当今社会发展最前沿的知识与技术成为满足学生个性化学习与发展需求的有力支撑。我们希望通过"众筹"，建设学校具有丰富性、选择性、延展性的课程体系。就具体举措而言，学校的课程体系建设包括以下几方面。

一是通过"众筹"，让课程的来源与内容多元化。学校课程除了国家课程之

外,还包括学校自主开发建设的课程、业务单位(如进修学院、少年科学技术指导站、少年宫等)提供的课程、专业人员(如教育机构或信息科技、艺术体育等领域的专业从业人员等)开发的课程,内容的筛选紧紧围绕学校核心素养的发展与培育需求,紧紧围绕学生个性化学习的需求。

二是赋予学生课程学习的选择权。学校依据国家课程标准的要求以及学生个性化发展的需求,通过限定与自选的方法,为学生提供具有相当选择性的课程。学校为每个入学的学生提供涵盖其九年学习经历的《课程手册》,通过各种机制建设,帮助与指导学生学会自主管理、学会规划人生、学会选择,并探索实施基于课程选择(学生个性化学程)的课程实施方式与方法。

三是赋予学生课程建设的参与权,实现学校课程的可延展。学校课程体系的完善在发展路径与开发方式上,采取"自上而下与自下而上""由里向外与由外及里"的策略,从一开始"立足自身(基于学校教师)、顶层设计(专家设计)"为主,逐步向"多元主体(教师、学生、专业人员等)、草根行动(自下而上)"过渡。课程延展性实现的可能性,一方面来自于学生不断增长的需求,教育改革、学校改进的要求以及外部智力资源的持续丰富,另一方面来自于问题化学习这一学习方式提供的坚实基础,即随着学校教育教学的开展,在多样学习方式与课程实施方式的推进下,依托移动互联网技术的有力支撑,学生问题"体量"将持续"变大",通过大数据技术,这些问题将成为学校课程内容延展、课程体系完善的重要依据。到那时,学生将成为课程开发主体,师生(专业人员与学生)"协商"开发将成为学校课程建设、实施、评价的主要方式。

2. 基于核心素养,让学校课程系统化、学程化

学校在贯彻国家意志的前提下,在"生本"和"多元"的指导思想下,建立了基于核心素养的系统化、学程化的校本课程体系。就具体举措而言,学校课程系统化、学程化包括以下两方面的工作。

一是全面整合国家课程、地方课程与校本课程,在不违反市课程计划的规定基础上,建设系统化的校本课程体系。系统化体现在学校课程目标的系统建构、课程内容的系统整合、课程实施的系统优化、课程评价的系统完善,其目标是:在培养目标上实现"贯彻国家意志＋体现学校特色",在课程内容上实现"遵循学科逻辑＋凸显认知逻辑",在实施方式上实现"基于问题化学习的支持性教

学＋现代信息技术的深度融合"，在课程评价上实现"面向综合素质＋聚焦核心素养"。

二是基于学校课程培养目标、学校课程丰富性的支持、学生课程选择的实现，课程实施的方式、课程实施的进程将更多地体现"生本"特征。也就是说，学生将有更多的权力来规划和决定自己的学习内容、学习方式、学习进程，从而让课程适应每个学生，以激发学生的学习内驱力，提高学生的学习效能，让学生实现多元发展。

事实上，系统化、学程化有力地保障了学生的多元、个性化发展。随着学生问题的持续生成，基于问题的课程体系逐步完善，学校或许能真正实现自主高效适应，课程的边界（即课程各要素以及要素内部间的边界）将被真正突破。当然，学校也将以系统性的设计与支持来消除这一行动可能带来的风险。

四、我们开展怎样的教学

学习是学习者主动发生的行为，重要的不在于教师教了什么，而在于学生学了什么。所谓的教学，就是教学生学习，教学生学会学习。

学习先发生，教育才产生，学校应该努力让学习全时域发生；学习有没有在学生身上真正发生，不只凭经验判断，更需要现代智能技术的支撑；让学生有机会提出自己的问题，你会发现不一样的学生，发现不一样的学习。

1. 问题化学习，让学习持续主动地发生

通过十多年的艰苦探索，问题化学习研究团队的成员不仅积累了丰富的实践经验，也逐步加深了对问题化学习在学习机制、问题解决图式、教学支持方式等方面的认识。问题化学习的实践经历了从提升教师的专业技术水平走向更新教师的教育价值思考、从让学生实现自主的学习走向让学生实现自我的教育、从学生学习方式的引导到学生核心素养的提升的转变。我们粗浅地认为，问题化学习不仅为解决基础教育中的一些现实问题找到了一剂"药方"，更重要的是，其独特的视角与操作方法为基础教育学校在教育变革中真正基于学生发展实现"自我造血"或"自适应"指明了方向。就具体举措而言，学校推进基于问题化学习的教学包括以下两方面的工作。

一是基于问题化学习的支持性教学。具体包括两点：（1）国家课程校本化，全面推进基于课程标准的学与教。基础型课程实现"三次转化"，即"教材"转化为"教程","教程"转化为"学材","学材"转化为"学单",并最终实现学校课程的学程化,切实转变学生原有的学习方式,提高学生的问题意识与能力,让学习主动发生;(2)以学习为中心,变革教学的流程与方式,其一,遵循学科教学规律以及问题化学习的基本原理,确立基于主题单元的一体化、整体式教学流程,其二,以问题解决为主线,确立以自主、合作为基本特征的课堂组织形态与教学方式。

二是现代信息技术的深度融合。这具体是指以学校智慧校园建设,特别是问题化学习中心建设为依托,探索"互联网＋教育(教学)"的课程教学新形态:(1)基于移动终端的课堂学与教,即充分运用现代信息技术在自主学习与诊断、资源获取的便捷性、呈现方式多样化等方面的独特优势,让自主学习、合作学习、问题化学习与教师教学的支持实现最完美的匹配;(2)基于大数据的课堂学与教,即基于数据进行行为分析,让教师更精确地了解不同学生的学习准备与状态、学习倾向与能力障碍等,从而为学生的学习提供更高效的支持。

2. 跨学科学习,让学习在真实的情境中发生

学校将着力推进学生的跨学科学习,让学习在真实的情境中发生。它主要依托这样两方面去实现:(1)大力开展跨学科综合课程的研制,学校聚焦核心素养,转变学生学习方式,培养学生在真实情境下解决复杂问题的能力,发展学生的高阶思维以及元认知,持续提升综合课程(跨学科主题活动、综合主题活动)的开发与实施质量;(2)着力推进跨学科学习,学校基于学生的学习需求以及跨学科课程实施的要求,建设适应学生开展跨学科学习的网络环境、专用(多功能)教室,依托"教育众筹",形成一支能充分支持学生开展跨学科学习的专业教师队伍。同时,学校课程中心积极研制学生跨学科学习的评价方案以及相应的管理办法,为推进跨学科学习提供有力保障。

3. 泛在移动学习,让学习全时域发生

为实现这一目标,学校将着力研究并推进智慧校园建设,智慧校园支持学生学习主要体现在这样几方面。

一是支持学生学习的智慧环境。具体包括:(1)公共服务平台,包括教育管理公共服务平台(提升管理效能)、教育资源公共服务平台(使互动学习无处不在)、优质资源班班通(使教学资源实现最佳配置)、网络学习空间人人通(实现

学习方式的变革),它基于先进、灵活、开放的(云计算)基础架构,强化教育信息资源的高度整合、共建共享、统一调度、合理应用、优化配置;(2)移动学习环境,包括教学及学习内容编辑系统建设、内容及服务平台管理系统建设、终端/平板电脑及教学应用系统建设。从实现"让学习持续主动发生"这一目标出发,学校内无论是班级教室还是公共场所,都将实现网络的全覆盖,并且在班级内或公共区域都建设有一定数量的移动终端或触摸式屏幕,学生可以随时随地登录"问题化学习中心",实现自主、合作和问题化学习,让学习(特别是基于问题的学习)全时域发生,并且主动、持续、交互地发生。

二是支持行为分析的技术应用。以校园物联网为例,第一阶段主要是与移动学习相关的物联网的建设,主要指向学生学习动机与倾向分析、学生自主学习与诊断、学生身体和心理数据自然生成等,为学生综合素质评价与多元智能发展提供支持;第二阶段主要是与智慧教室、公共服务平台相联系的物联网的建设,把物联网技术拓展到身份认证、教育教学活动中各种数据的采集、校园安全等方方面面,以提高管理效能,为学生提供更好的教育服务。

五、我们发展怎样的教师

被誉为"可穿戴设备之父"的阿莱克斯·彭特兰(Alex Pentland)指出,拥有最好想法的人并不是最聪明的人,最聪明的人是那些最擅长从别人那里获取想法的人;推动变革的并不是最坚定的人,最坚定的人是那些最能和志同道合者相处的人;最能激发人的并不是财富和声望,而是来自同伴的尊重和帮助。事实上,这段话所内含的道理与马斯洛的需求理论是一致的,即个体发展最根本的动力往往来自被尊重和自我实现。因此,对于一个组织的健康发展来说,建设正能量的团队、打造"没有失败者"的文化,就变得极为关键。

1. "课程创造",激发专业发展的动力

很多时候,我们在面对社会发展、教育改革、课改深化等议题时,会不自然地"抱怨"我们的教师理念陈旧、方法落后、行为固执,"眼中只有分数"没有"人",却没有真正从教师的角度去思考为什么,特别是怎么样。事实上,导致这一问题的根本原因在于我们对教师只有课程执行的要求,并没有赋予他们课程建设和管理的权利。课程意识与能力的薄弱导致了教师专业视野上的狭窄与专业实践上的功利。各类功利需求和繁重劳动带来的压力,更是弱化了教师对课程教学本源价值的思考和主动变革的动力。因此，赋予教师课程建设和管理的权利，提升教师的课程意识和课程能力，让教师真正从课程本身所蕴含的丰富意义和育人价值出发来思考教学，即实现课程视野下的教学，才能让每位教师都深度卷入课程改革，才能激发教师变革的动力并使其整个价值与行为系统发生真正改变。在实践中，我们通过"把学员放在驾驶座"，让教师在"做课程"中理解课程，自己架通课程与课堂之间的桥梁。

对于分科课程，我们让教师实现"三步走"。一是教材"教程"化，即把一个个主题、专题建设成一个个课程资源包，围绕课程实施中的四个问题——"为什么教、教什么、怎么教、教到怎样的程度"，提升"教"的科学性与有效性。二是教程"学材"化，也就是从"教"的视角转向"学"的视角，从充分支持学生"自主学习""碎片化学习"的要求出发，把教材转化为系统的学材。三是学材"学单"化，即在课时教学设计中，基于具体的活动，以问题解决为主线，以个性适应为特征，以重点突破为要求，以提升教与学的成效为目标，把教学内容和活动任务转化为特定的学习资源或学习工具。"教程"与"学材"的设计以"单元"为单元，以目标模式的课程开发为要求，有助于让教师集体的教学设计行为转变为教师合作的课程开发行为。

我们还加大了综合课程的开发与实施力度。为了让教师理解综合课程，以遵循教与学规律的方式来开发和实施综合课程，我们开发了学校的《课程手册》，明确了综合课程在学校整个课程体系中的价值定位、实现目标与规范要求。在建设要点方面，我们强调它不能也不是独立于分科课程而存在的，而是与分科课程具有同等的价值与重要性。也就是说，它作为一门独立存在的课程，有着自己"生命"的价值，但作为学校课程体系的一部分，又与其他"生命体"一起构成了整个学校课程的"生态系统"。同时，在实施层面，其要素和逻辑与分科课程是一致的或自洽的，也就是说，在目标确定、内容选择、组织方式、教学方式、学习方式、评价方式等方面都有一致的要求，共同形成完整的学校课程实施体系。

与此同时，我们强化年级管理部与课程发展中心在教师课程规划、建设、实施、管理方面的制度与活动建设。通过学生培养目标体系的学段分解、横向与纵向的学科研修等举措，让一致的价值、共同的目标、统一的标准成为所有教师开展课程行动和专业合作的"规则",让教师个体的创造成为大家共享的智慧。

2."课堂民主",激发专业实践的动力

美国著名教学论专家布鲁斯·乔伊斯(Bruce Joyce)在其《教学模式》一书中指出,没有一种教学模式在特定的目标与学生面前是普遍适用的。作为一种学习方式,我们在推进基于问题化学习的课堂探索中,强调学生对学习任务、学习内容"背后"所隐含的问题的主动发现与提出,强调学生的问题解决路径(即问题系统的自主建构),强调通过师生、生生合作学习对问题系统进行优化,强调学生基于系列问题解决的连续学习与有效迁移。它既强调了教师作为学科专家在发展学生学科思维、提升教学品质、提高学习成效等方面的重要作用,也凸显了学生作为学习主体,其主动参与、积极思考、有效合作在改善课堂生态、提升自主学习能力和综合素养等方面的独特价值。在实践中,我们要求教师通过三个维度的思考来引导学生实现问题化学习:(1)问题产生——问题提出的空间与支持性指导,即以怎样的方式、方法、技术、环境、资源、工具,尽可能地让每个学生都能够发现并主动提出问题,促使每个学习者思考方式的"差异"可视化;(2)问题分享——以怎样的组织形式分享问题,通过使用教学策略与方法,使得每个学习者都能参与问题系统的建构、问题解决路径的发现、问题的独立或协同解决,即形成"我的学习"与"我们的学习",同时让问题解决的过程可视化、图式化,问题解决所指向的知识结构化;(3)问题深化——思考以怎样的方式或者活动深化问题,能够帮助自己和学生找到新的教与学的起点,并形成可持续学习的动力。这既是指导教师实践和实现问题化学习的课堂的策略、路径、方法,也是评估课堂问题化学习教与学的基本框架和内容。我们深刻地感受到,实现课堂教学要素的动态平衡,需要以特定学习目标、任务、要求的指向为前提,教师课堂教学方式、方法的变革可以通过学生学习方式、方法等的改变来"倒逼"。课堂教学的民主依赖于良好的课堂教学生态,而三位一体问题的产生与解决正是构建良好教学生态、实现课堂教学民主的良好途径,它同时也有效激发并增强了教师主动变革的动力。

3."品牌打造",激发专业规划的动力

"发现、支持与成就不一样的学习者"对教师发展而言,就是实现他们专业上的"野蛮生长"。它包含了两层含义:一是让每位教师成就属于他自己的不可复制的优秀;二是这种优秀是依靠他自己新知识的源源不断的产生来实现的。如果说,细胞被"激活"依靠的是"刺激",那么,教师从"点燃"到"自燃"依靠的是自我专业规划内容与目标的持续实现。

教师的专业素养和能力集中体现在课堂,而课堂又是教师实现专业持续提升的原点与源泉。因此,只有聚焦课程教学的专业发展,对教师才最具有吸引力,也才最具有生命力。正如学生的学习进展和进步,在于不断地建构并形成新的概念表征和认知图式,在于不断地生成个性化的新知识那样,教师的专业成长也在于产生和生长属于专业上的"新知识"。由此,我们重点强调学校教师专业发展的基本路径,我们称之为"教师新知识的生产系统",即"让每位教师把想的做出来,把做的说出来,把说的写出来,把写的传播出去,让更多的人知道,以形成学习共同体与朋友圈"。这样的一种知识生产系统,确保了每位教师实践上的独特性和思考上的系统性,让每位教师都具有鲜明的辨识度,从而最终形成个人的教学品牌,也就是成就属于个人的不可复制的优秀。为保障这一系统的运行,《学校章程》在"组织运行"一章中明确了学校实施"学术休假制度""校本研修制度",制定了教师"参与各类学术研修""参与各类外出进修"等管理办法,完善了学校教研训一体的专业智力支持机制,包括从问题到课题的规范的研究管理机制、从成果到效果的学习共同体建设机制、人力资源管理(人事要求)与课程发展(专业要求)协同跟进的教师校本培训机制、上述基于学科教学与课程建设的学科研修机制等。为了让教师"把做的说出来",我们建立了"闻道计划""问道论坛""有道讲坛"三大研修平台,让每位教师每月至少有一次机会站在全校乃至全国的舞台上,分享经验或共享智慧;为了让教师"把写的传播出去",我们组织各类学校征文,并要求教师以课例、案例、论文、研究报告等形式在各级各类报刊上发表文章。学校建立的媒体中心会帮助、支持不同团队和个人制作"自媒体"文本,把相关文本通过微信平台等传播开来。同时,问题化学习研究所积极支持和帮助教师出版专著,让他们与全国更多的问题化学习实验学校和教师分享自己的成果。所有这些,我们都以教师的问题(发展需求)为起点,以保障教师专业持续发展、打造教师个人教育品牌为目标,从而为不同专业发展阶段的教师规划个性化的专业成长内容铺平了道路。

▶ 第三部分

从一种方式到一个体系

自 21 世纪之初始,问题化学习直面基础教育改革中的难题,针对基础学科课程学习方式转变进行本土探索与创新。以转变学生的学习方式为出发点,倒逼教师转变教学行为,以此突破改革难点,建构起教学实践体系、教师发展体系与成果推广体系。从认识到方法,从理论到技术,帮助基层学校和一线教师实现教育教学实践方式、质量增长方式的真正转型。

第七章 建构教学实践体系

建构教学实践体系是指基于问题化学习首要原理重建课堂底层逻辑,实施全学科推进的教学实践体系,凸显单元中观设计、学科拓展学习与长周期作业的实践,以及基于问题化学习的跨学科学习实施,从而建构起课程视野下的教学实践体系。

第一节 重建课堂底层逻辑

问题化学习的课堂不能简单地理解为一种课堂教学模式,而应理解为由问题化学习这样一种学习方式产生的课堂新样态。在这个课堂新样态中,三位一体是基本原理,问题的发现与提出、组织与聚焦、演进与解决、反思与拓展是基本过程,学生自主提问、持续追问、建构问题系统是自建构路径,基于学习共同体的合作解决问题是互动方式。随着学生问题化学习能力与教师问题化学习教学指导力的提升,课堂不断生长,课堂样态也在发生变化。

一、课堂首要原理

问题化学习有一条首要原理,即以学生的问题为起点、以学科的问题为基础、以教师的问题为引导,三位一体产生有效学习问题。问题化学习有一个核心特征,即"建构问题系统优化学习",学生在教师与同伴的帮助下持续提出问题,自主建构问题系统,在问题系统化、系统图式化、图式可视化中建构知识体系,寻找学习路径,发展学科思维。问题化学习的首要原理和核心特征构成了课堂实施的逻辑起点。

根据首要原理,"学生的问题""学科的问题""教师的问题""解决问题的学习环境"构成了问题化学习课堂的基本要素。"学生的问题"成为课堂的关键要素。以学生的问题为起点,要求学生主动提出问题,做到这一点是很难,但要突破传授式的课堂,这一点恰恰又最为关键。通常,学生的问题提出来后,教师会面临"失控"的课堂。问题化学习是通过怎样的机制,把"失控"的课堂逐步建构为一个自组织的课堂,而不是一个由教师主控的课堂呢?这里涉及三种自组织路径:一是聚焦课堂的核心问题;二是建构问题系统;三是合作解决问题。也就是说,学生提问、学生追问、学生建构问题系统,解构了传统以教学为中心的课堂,而三位一体聚焦核心问题、问题系统的形成与优化,以及合作解决问题,建构了以学习为中心的课堂新结构。

二、课堂结构生态

1. 问题化学习的课堂结构

所有的教学必须以学生学习为主线去设计,必须让学生真实的学习过程能够发生并且展开。课堂以"问题的发现与提出、问题的组织与聚焦、问题的演进与解决、问题的反思与拓展"为基本线索,形成学习的基本过程与课堂的一般流程,见图 7 - 1。

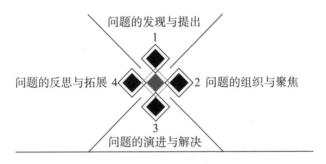

图 7 - 1　问题化学习的结构与流程

一是问题的发现与提出。学生根据学习的内容、任务、情境自主发现并提出学习问题。

二是问题的组织与聚焦。学生在教师的引导下通过交流对问题进行判断、筛选、组织与聚焦,确立学习的核心问题,建构初步的问题系统。

三是问题的演进与解决。学生独立思考,合作解决核心问题,通过持续探索、互动追问深化问题解决,深度建构问题系统,寻找学习路径,形成学科思维,在教师的组织、设计或引导下规划学习任务与步骤,持续思考行动与合作创造学习成果。

四是问题的反思与拓展。在教师的引导下,学生对问题解决的方法、过程、结果进行分享与交流,通过互动反思、回顾、评价、追问、质疑来判断并提升自己的学习成果,实现知识的建构与增值、学习的迁移与拓展、能力的形成与发展。

问题解决的四个基本阶段,并非一节课的基本环节。通常,一个大问题的解决也就是一个学习活动,会包含这四个基本阶段。如果一节课包含多个大问题解决,也就是由多个学习活动构成,那么这四个基本阶段就会循环往复。

2. 问题化学习的课堂生态

学校教育的应有之义,是在学习共同体中学习。

美国教育学家沃勒(W. Waller)于 1932 年在《教育社会学》中提出通过教师、学生、教学环境(包含教材)三个生态因子的整合,达到教学生态的相对平衡,最终达到教学效果提升的目的。在一个生态系统中,能量流动是指生态系统中能量输入、传递、转化和丧失的过程,它是生态系统的重要功能。在自然界中,生物因子、非生物因子通过能量流动构成一个相对稳定的自然综合体。

在问题化学习的课堂生态系统(见图 7-2)中,能量来源于学生与教师提出

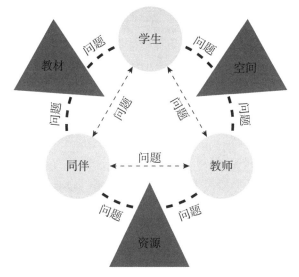

图 7-2 问题化学习的课堂生态系统

的问题，能量的流动在于发现与解决问题。能量流动具有逐级递减的特性，但追问可以使能量源源不断地产生。提问让课堂中的学习主动发生，追问让课堂中的学习持续发生。要构建问题化学习的课堂生态，除了教师的提问与追问，更要加强学生之间的提问与追问，可以通过调节各因子（学生、同伴、教师、教材、资源、空间等）之间的关系，促进能量转换，从而改善课堂的学习生态，转变课堂的互动方式，形成学习共同体。

三、课堂成长阶段

1. 教师引导阶段

在此阶段，学生具有初步的问题意识，但还不具备判断核心问题、建构问题系统的能力。因此，课堂教学中通常采用"学生自由提问—教师聚焦核心问题—教师组织问题系统进行教学"的形式。

（1）学生自由提问

学生可以在预学的基础上提出自己的问题，或在课堂上根据任务情境自由提问。在这个过程中，学生需要努力提出自己的问题；将自己的问题表达完整、让他人听明白；注意倾听教师与同伴的问题，听明白他人的问题，指出问题中的关键信息或用自己的话重新表达他人的问题。这个阶段学生的问题大多是散点状的，而散点状的问题会使课堂学习效率降低，因此可以让学生通过小组合作解决一部分问题，再将小组内无法解决的问题提交到班级层面共同解决。教师在这个阶段要努力引导学生主动发现问题，找到学生的真实问题，引导学生清晰地表达问题，鼓励学生相互倾听问题。

（2）教师聚焦核心问题

根据学生提出的问题，教师结合教学目标，选择具有探究价值的问题，聚焦核心问题进行教学。这个阶段学生提出的问题不一定具有针对性，学生需要在他人引导或指导下感知核心问题，需要在他人帮助下将问题排序，并理解问题系统代表的学习路径，因此，教师在这个阶段要努力做到辨别学生问题，对接学科问题，同时转化学生问题，引导学生聚焦核心问题。

（3）教师组织问题系统进行教学

在这个阶段，问题系统可以由教师来梳理。教师可以在学生提出问题后进行合理组织,也可以在确立核心问题之后逐步追问演化出来。虽然这个阶段的核心问题与问题系统都是教师确立的,但为了提升学生的问题化学习力,教师需要指导学生用学科领域特有的方法解决问题。学生可以在组长的带领下参与问题解决,认真倾听同伴发言并提出自己的想法,按照任务分工完成自己的任务。教师在这个阶段要努力引导学生回顾问题发现与解决的过程,体会核心问题在问题解决中的统领作用以及问题系统的逻辑关系。

在此阶段,文科学习中,学生的问题通常又多又散,教师需要引导他们抓住重点,理清线索,学习通识的路径。理科学习中,学生往往无从问起,教师可以引导他们基于概念或命题提出基本的问题,也可以引导他们在实验情境或练习中发现并提出问题。

2. 学生自主尝试阶段

在此阶段,学生能够提出有一定质量的问题,但还不具备系统思考问题的能力。因此,课堂教学中通常采用"学生提出问题并聚焦核心问题—学生通过合作尝试将问题排序—学生在教师引导下基于问题系统进行学习"的形式。

(1)学生提出问题并聚焦核心问题

学生在敢于提出自己问题的基础上,能够提出有价值的问题,学会判断核心问题。在这个过程中,学生需要大胆提出自己真实的困惑与兴趣,并知道自己的问题与特定领域的学科问题之间的联系;学会判断不同问题的重要性;清晰地表达自己的问题,学习整合归纳自己的问题与他人的问题,形成更合理的问题;养成边听边想的习惯,及时补充与完善他人的问题;在伙伴合作中学会判断并聚焦核心问题;初步学会归纳问题(把很多小问题归纳成一个大问题)。这个阶段学生提出的问题有一定的针对性,与主题初步相关。教师在这个阶段要努力引导学生关注有价值的问题,指导学生提问,提供学科视角与支架。

(2)学生通过合作尝试将问题排序

在此阶段,在教师为学生演示过几次问题组织的过程后,学生可以初步尝试确立问题解决的顺序,将提出的主要问题进行排序或逻辑化,建立问题系统(可以是问题链、问题网,也可以是其他问题系统)。可以是先独立建构问题系统,然后合作优化。如果有困难,也可以合作建构问题系统。在这个过程中,学生要学会说清楚不同的问题以及它们之间的关系。教师在这个阶段要努力引导学生发现问题之间的关系,引导学生建构问题系统。

(3)学生在教师引导下基于问题系统进行学习

学生初步建构问题系统后,教师引导学生进行优化然后推进学习。在这个过程中,学生需要学习把大问题变成若干小问题(可以使用关键词提问、要素法提问等方法),学会在比较中提出相互联系与区别的问题,学习他人的经验,用学科路径解决问题,并对小组解决问题有所贡献:倾听同伴发言并积极补充;提出自己的想法并接纳、整合他人的观点;按照任务分工与同伴协同完成任务;按照任务单提示,参与小组的集体汇报,完成自己的汇报任务;接纳、整合同伴的意见后发表自己的想法。教师在这个阶段要努力做到以下几点:帮助学生独立反思自己的学习过程,发现、归纳并表达自己的学习路径与方法;组织学生对自己与他人的学习路径和方法进行比较,发现各自的优势与不足;促进学生与伙伴一起,对任务执行的步骤、策略、过程进行评估和分析,并基于评估结果调整学习方案。

在此阶段,文科学习中,学生可能会形成不同的核心问题,教师需要组织学生进行区别与联系,一方面站在学生的视角肯定其合理性,另一方面提供学科的视角引导学生进一步思考,同时为了保障课堂的有序进行,可以将问题相对集中后进行教学。理科学习中,在前一阶段学生建立提问意识的基础上,教师可以重点设计大空间的问题情境,以促进学生提出不同的问题,引导学生对大问题形成解决的序列,从而建构问题系统。

3. 学生自主建构阶段

在此阶段,学生已经具有了系统思考问题的能力,因此,他们可以在一开始就提出一系列的问题,然后通过集体学习优化问题系统,最终通过小组合作解决问题或独立自主地解决问题。因此,课堂教学中通常采用"学生自主建构问题系统—全班集体优化问题系统—学生自主合作解决问题"的形式。

(1)学生自主建构问题系统

学生独立提出一系列的问题,尝试独立建构问题系统,并通过合作分享优化自己的问题系统。在这个过程中,学生需要学会独立判断并聚焦核心问题,学会自建问题系统。教师在这个阶段要努力引导学生基于学科素养要求,提出有核心价值的问题;引导学生结合不一样的问题系统,整合和完善问题系统;引导学生通过合作学会从多个维度理解并建构问题系统。

（2）全班集体优化问题系统

在学生自建问题系统的基础上,全班集体优化问题系统。在这个过程中,学生需要及时记录与分析他人的问题,归纳与整理他人的问题;需要理解不同问题系统所代表的学习路径,对他人的问题系统提出自己的见解,并对比自己的问题系统,解释不一样的学习路径。教师在这个阶段要努力促进并组织有效的交流分享,及时、准确、全面地获得反馈,引发促进学生深度学习的问题,引导学生完善问题系统,总结归纳学习路径。

（3）学生自主合作解决问题

在教师引导下全班集体优化问题系统后,可确立学习方案,由学生自主合作解决问题。在这个过程中,学生引导同伴解决问题;组织同伴有步骤地讨论与解决问题;通过追问启发帮助组内其他同伴解决问题;代表小组,归纳组内同伴的意见进行汇报;整合其他小组的意见进行交流;发现自己独特的学习路径与方法,并与他人分享;学会借鉴他人的学习路径与方法,并整合创新;在任务执行的过程中独立自主地评估与分析,对学习方案进行有意义的调整;学会设计学习任务,自定学习步骤。教师在这个阶段要努力指导学生规划学习方案,引导学生设计学习步骤,合理安排独立及合作活动,为不同问题匹配适切活动,合理应对学生学习过程中的问题,促进学生持续探索与追问。

在此阶段,文科学习中,学生的问题系统更为多元,因此,教师在评议问题系统之后,可以优化一个方案,引导学生自主解决问题。在更成熟的阶段,也可以在集体评议之后尊重各小组不同的问题系统,采用更灵活的方式,由各小组开展不同路径的学习。理科学习中,教师要在大的概念系统中引导学生通过追问前后联系形成更大的问题系统。对于文理科学习相同的地方,教师则要引导学生学会追问、深究与质疑,在比较中提出相互联系与区别的问题;引导学生用递进、推理、求证的思维进行追问,提出引申的问题、转化的问题、扩展的问题,让学生学会举一反三地分析问题,寻找潜在的问题,运用辩证思维看待问题等。

从实践看,问题化学习能力的修炼有一个循序渐进的过程,学生有一个培育的过程,教师也有一个成长的过程,课堂就在师生互动中不断发展。在这个过程中,师生教学相长,共同成长,彼此成就,实现课堂的成长。

第二节 建立"教—学—评"的实践体系

建立"教—学—评"的实践体系,既包括问题化学习能力目标与学科素养目标的融合建构,基于问题化学习的方式更好地促进学科素养目标的落实,也包括建立起以学习为中心的设计路径、遵循课堂实施的七条原则、建立学与教的评价测量。

一、双重目标融合建构

在进行教学设计、制定学习目标的时候,需要落实问题化学习的能力目标与学科课程目标。在学期与单元层面可以分别列出,在课时层面则需要整合落实。

问题化学习的关键能力包括问题的发现力、问题的建构力、问题的解决力、问题的反思力、问题化学习的设计力。需要指出的是,问题化学习的能力并不单纯表现为学习的结果或培养的内容和标准,更多时候是作为一种过程性的目标,是更好地完成学习任务的目的、手段和途径。因此,问题化学习的能力是培养问题化学习者、达成学习者培养目标的重要路径,其所包含的能力要素,作为问题解决的通用素养,也是问题化学习者全面发展、学科核心素养发展的催化剂。简而言之,问题化学习既是目标,也是手段。

问题化学习的能力目标需要协同学科素养目标。协同学科素养目标是指不同学科课程依据学科核心素养和课程目标,结合课程内容与教学规律,对标问题化学习能力目标框架进行学科化处理。在单元层面,通过制定问题化学习能力发展的具体指标,明确其所承载的学科核心素养;在课时目标层面,采用"通过什么学科的学习活动,经历怎样的问题化学习过程,获得怎样的学习结果(学科素养),达到怎样的表现程度"的形式,基于问题化学习的一致方式,发展问题化学习的关键能力,促进学科核心素养的落实。

二、以学习为中心的设计路径

问题化学习应建立起一个以学习为中心的设计路径,即摸清学生的真问题、聚焦核心问题、预设问题系统、设计学材学单、设计学习活动、设计引导策略、设计学习评价,从学科的基本要求、学生的真实问题、教师的适宜引导入手,建立起教师、学生和教学内容之间的多次对话。从达成目标、过程展开、策略方法、活动组织、资源工具、即时评价等方面进行系统的思考,意味着教学设计是一个立体动态的过程。

由于学生的问题成了教学设计中最关键的变量,并且学生的问题既包含进入课堂之前的起始问题,也包括在课堂学习过程中的生成问题,于是就有了预估、对接、现场三种状态下的三度设计,并且每一次设计都是基于学生问题进行的学科基础、教师引导的对话,最终统合为对学生学习过程的支持。

1. 摸清学生的真问题

- 一度设计:触摸学生的起点问题。
- 二度设计:了解学生学习的核心障碍。
- 三度设计:把握问题解决过程中学生的障碍点孵育追问。

摸清学生的真问题时,一度设计解决定位的问题,二度设计解决定向的问题,三度设计解决助跑的问题。比如,在学习长方形的周长与面积时,学生认为"周长长的长方形面积就一定大",这就是他们的相异构想,也是探究周长与面积关系时学生的起点问题。围绕这样的起点问题,可以要求学生用一根长 24 厘米的铁丝围出几个不同形状的长方形。当学生围出不同面积的长方形后,教师可以要求学生"将一组周长都是 24 厘米的长方形,长宽不同且面积不同的排列在一起"。这个时候,教师提问:"你有什么发现? 有什么问题?"学生自然会追问:"这些周长相等的长方形,面积为什么不同?"学生也可能会回应:"周长都是 24 厘米的长方形,长与宽越接近,面积越大。"教师接着提问"周长是 24 厘米的长方形具有这样的规律,如果周长不是 24 厘米,你有什么新的问题",从而孵育学生追问"是不是所有周长相等的长方形,都有这样的规律,怎样来验证"。也就是说,针对学生在问题解决过程中的障碍点,设计教师的引导,激发学生自主追问。

2. 聚焦核心问题

- 一度设计:分析课程的核心知识与知识的核心价值。
- 二度设计:对接学生问题,把握学科素养,设计统领问题。

• 三度设计:聚焦核心问题,设计合理的问题空间。

例如,上海市宝山区海滨中学朱忠伟老师在执教高三化学《晶体》一课时,设计了"凤凰号"火星探测器着陆火星进行科学探测的情境。"凤凰号"在火星北极着陆后,用机械臂进行火星表层挖掘,拍摄到几个骰子大小的白色物质,4天后,再次拍摄照片进行对比。

在此情境下教师引导学生思考:你看到了什么变化? 产生了什么疑惑?(提供火星大气成分的相关资料)

预设学生反应:白色物质消失了,白色物质是什么,为什么会消失?(预设学生经过小组讨论、汇总后,提出 3 种可能,即氯化钠、干冰、水冰,这些物质都是白色的;根据给定火星大气成分的相关资料,学生认为可能性较高的是干冰。)

如图 7-3 所示,对接学生提出的初始问题"白色物质消失了,白色物质是什么,为什么会消失",教师把握学科需要发展的素养——证据推理,可以进一步引导学生思考"如何进一步确定白色物质的成分,如何寻找证据"(同时为学生提供资料:火星表面的大气压力只有 500—700 帕,不到地球的 1%,探测器进入火星时火星处于夏季,白天最高温度可以达到 20℃),从而引导学生通过寻找实验证据、理论证据来验证自己的猜想。

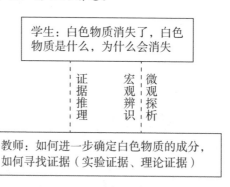

图 7-3 对接学生问题,把握学科素养,设计统领问题

3. 预设问题系统

• 一度设计:预设学科学习问题系统。

• 二度设计:基于核心问题,构建作为"学的路径"的问题系统。

- 三度设计：根据学科核心素养，优化问题系统。

在预设问题系统的过程中，我们很容易将学科的知识图谱直接演绎为问题系统。知识图谱通常呈现的是学科逻辑顺序，问题系统往往体现的是学习的路径。

例如，沪教版义务教育教科书《物理》八年级第二学期第四章《机械和功》中由"4.2 机械功"与"4.3 机械能"组成的单元《功与能》知识图谱，包含三部分内容：一是功和功率；二是能量的初步概念及动能、势能（含重力势能、弹性势能）的概念和相关（决定）因素；三是机械能的概念及动能、势能的相互转化。学习本单元的内容时，学生在了解重力、摩擦力的特点，理解杠杆、滑轮等简单机械、初步认识力及其作用效果的基础上，从功和能量的角度进一步认识物体间的作用及效果，由此建立功和能量的概念，明确功与能的关系，认识动能与势能的相互转化。这为学生后续以能量观念认识热现象和电磁现象奠定了基础。

从学习的角度来看，围绕单元情境性问题——阳台上的花盆怎么变成了高空炸弹，学生需要从能量的角度描述阳台上的花盆搬上去或不小心摔落过程中的能量变化，经过建立功的概念、比较做功的快慢、探究势能大小与哪些因素有关、探究动能大小与哪些因素有关、举例说明机械能的转化等科学探究的过程。这便是学习的问题系统。

4. 设计学材学单

- 一度设计：开发单元学材。
- 二度设计：开发课时学单。
- 三度设计：开发合作任务单。

就单元学习而言，需要开发系统的学习材料，通常包括本单元学科学习目标汇总及学业质量描述、单元知识点梳理及目标学习水平描述、单元问题化学习能力目标规划、单元核心问题与问题系统、教学进程与课时安排、教学策略与课型安排、教学测试设计、目标配套学单与练习设计、单元学科拓展活动或长周期作业。就课时学习而言，需要提供支持学习过程的预学单、导学单与诊断单等。就核心问题的解决而言，通常需要开发基于合作的任务单。

5. 设计学习活动

- 一度设计：对应不同问题，依据学习目标，设计相匹配的学习活动。

- 二度设计：创设合适情境，帮助学生发现与解决问题。
- 三度设计：围绕核心问题，设计合作解决问题的活动。

首先，需要用学科的方法解决学科的问题，如数学要通过逻辑推理、数学建模解决问题，语文和英语要通过听、说、读、写解决问题，历史需要史料实证，地理需要地理实践，艺术需要创意实践。总之，学习活动的设计要体现学科学习的规律与特质。此外，针对不同的学习水平，需要匹配不同的学习活动，比如理解与应用的活动设计是不同的，简单应用与创造性应用的活动方式也有所不同。

其次，教师重要的任务不是直接提出问题，而是创设合适情境，帮助学生发现与解决问题，比如教师不直接问"周长相等的长方形，面积是否相同"，而是通过设计学习活动，让学生自己尝试去围周长为 24 厘米的长方形（学生可以围出不同面积的长方形），进而引导学生自主提出问题"为什么相同周长的长方形，面积却不同，有什么规律"等。

最后，围绕核心问题，通常需要设计合作解决问题的活动。这是因为核心问题具有一定的探究空间，学生不仅需要合作解决问题，更需要基于合作形成学习共同体。合作是课堂学习的重要维度，是学生发展互动协商能力、学会共处的重要途径。

6. 设计引导策略

- 一度设计：引导学生提问的策略。
- 二度设计：孵育学生追问的策略。
- 三度设计：应对学生提问与追问的策略。

教师在课堂中与学生互动的行为通常分为引导、回应两种。教师一般采用启发式的提问，用教师的问引出学生的答，用教师的问引出学生的方法思考，用教师的问引出学生的问。教师要努力从"师问生答"走向师生互问互答。

教师引导学生提问，要做到三个真：一是真情境，二是真提问，三是真问题。教师提问时最常采用的是"五何提问法"，"由何、为何、是何、如何、若何"是问题最一般的表达形式。追问是在原问的基础上进一步提出问题，追问更接近思维的过程。在原问的基础上用"五何提问法"追问，效果更佳。追问"由何"，追根究底，溯其源头。追问"为何"，知其然后，究其所以然。追问"是何"，得其表意，索其本意。追问"如何"，懂其原理，学其应用。追问"若何"，观其现状，思其变化。此外，问题化学习研究所总结了 15 种视角的追问，包括比较的问题、分解的问题、递进的问题、求证的问题、举一反三的问题、审辨的问题、辩证的问题、引申的问题、扩展的问题、转化的问题、潜在的问题、聚焦的问题、归纳的问题、反思的问题、奇妙的问题。这些问题同样适用于初次提问。

教师应对学生提问与追问的行为包括直接回答和通过复述、聚焦、转化、搁置、整理进一步引导学生学习。复述是指教师对学生问题的重复，或组织学生对关键问题进行复述。比如教师可以引导学生复述听到的关键词。聚焦是指教师将学生问题对接到课堂核心问题或关键问题上。聚焦可以让重点更突出，让整节课有一条主线。比如教师可以通过"这是为什么""这实质上是……""通过这个现象，我们可以进一步思考……"等问题帮助学生理解问题的实质。转化是指教师通过搭建支架、转变角度引导学生换个思路解决原先难以解决的问题。比如教师可以引导学生思考"刚才×××同学提出……是从……角度看的，但如果我们从……角度来看，会……"。搁置是指学生的问题有一定的价值，但提出问题的时机不对，比如学生提出的问题对未来学习有价值，教师可以先记录下来，后面再想办法解决。整理是指教师引导学生回顾学习路径，不断建立连接，建构问题系统。通常，在一项学习活动结束时，教师要引导学生进行结论性思考，比如"通过刚才的学习（讨论或研究），我们从哪些角度剖析了……现在，你觉得……"。

此外，教师在课堂中的回应组织通常有三种：(1)回应个人，推给个别学生，请个别学生发言或回答；(2)回应小组，如果学生个体难以解决问题，教师可以让学生先进行小组讨论再分享；(3)推给全班，教师把问题推给全班学生，让学生集体作答。

7. 设计学习评价

- 一度设计：设计课堂练习，进行形成性评价。
- 二度设计：基于学习活动，设计表现性评价。
- 三度设计：设计课后作业，进行综合评价。

设计课堂练习，进行形成性评价，包括课前诊断、课堂分阶段小练习，可以即时检测学生的学习掌握程度，以便及时调整教学。形成性评价不仅关注学生对知识的掌握程度,还需要使学生提出的问题成为下一步教学的起点。学生的问题是诊断评价的重要内容。基于学习活动,设计表现性评价,主要用于分析学生对学习活动的参与程度及问题化学习能力的表现水平。对于问题化学习中学生的问题发现、建构、解决、反思及设计能力,更需要结合学生在学习过程中的具体行为表现来进行评价。设计课后作业,进行综合评价时,课后作业既是学习的延续,对课堂学习的整理、巩固与提升,也是检测课堂学习成效的基本手段。

三、课堂实施的七条原则

1. 真正做到以学生的问题为起点

对于问题化学习的课堂,以学生的问题为起点是改写课堂底层代码的基础,也是解构以教学为中心的传统课堂的关键。但要真正做到以学生的问题为起点,并把学生的问题当问题,并不是一件容易的事,需要真情境、真提问、真问题。

例如,在学习《烟台的海》这篇课文时,读了题目,学生往往会问教师烟台在什么地方。有些教师认为这个问题是地理问题,不是语文学习的问题,便让事先有准备的学生简单介绍一下烟台的海,如蜻蜓点水,起了些许涟漪,却很快消散,然后又回到预设的思路上去讲解课文。

但事实上,我们从学生的这个问题出发来学习课文,就会发现课文中有这样的表述:"中国的沿海城市,东面或南面临海的居多,北面临海的却很少。烟台恰是北面临海,所以便有了一份独特的海上景观。"在这一段的提示下,作者演绎并描写了烟台四季的海及其独特的风光。课堂中,教师可以从它独特的地理位置展开讲解。可见,学生提出"烟台在什么地方"的问题,问在了散文"形散神聚"问题的核心处,掐准了要害,不失为一个好问题。

2. 聚焦激动人心的核心问题

核心问题如何打动人心,使学生全身心地投入其中? 首先,核心问题需要对接学生的真实冲动与学科关键能力;其次,核心问题应基于真实任务,让学习更有意义;最后,需要拓展核心问题的空间,从而提升探究的价值。

例如,对于"郑和与哥伦布相比,谁更伟大"这一问题,如果单一研究郑和是谁,他当时航海去过哪些地方,他的航海有什么地理价值,或者单一研究哥伦布是谁,他当时航海去过哪些地方,他对世界有什么影响,学生可能就会按部就班进行研究。但如何将两者放在一起,分别从东方与西方的视角、从中国历史和世界历史的语境,去思考两位航海家的出航给本国经济和世界格局带来了怎样的影响,这个问题就变得富有张力且激动人心了。

3. 利用合作活动有效解决问题

合作活动如何有效支持问题解决? 其一,合作解决不能独立解决的问题;其二,核心问题通常需要合作解决;其三,独立思考依然重要且必不可少;其四,合作过程中学生通过互问互学促进知识的建构协商。

例如,在初中科学课上以小组合作的形式,通过科学实验分析归纳出光在同种介质中沿直线传播。围绕核心问题"光在同种介质中是怎样传播的"进行实验探究,让光分别在空气、玻璃、水中传播,观察并记录现象。

合作分工:建议一人负责记录,一人负责组织大家观察光在空气中的传播现象,一人负责组织大家观察光在玻璃中的传播现象,一人负责组织大家观察光在水中的传播现象。

活动评价:(1)能按活动规则合作、有序完成整个实验的小组奖励1学分;(2)活动单记录完整的小组奖励1学分;(3)实验结论正确的小组奖励1学分;(4)结合实验过程提出真实问题的小组奖励1学分;(5)交流汇报过程中有追问、问题补充出色的小组奖励1学分。

在科学实验中,学生需要进行观察、比较,寻找依据,进而得出结论。在这个过程中,合作的分工、合作的流程、汇报的设计需要符合实验观察与得出结论的科学规范。在这个案例中,五条评价有助于学生理解自己要做什么,要做成什么,做到什么程度。通过合作活动,学生能够理解学习活动的目的不仅在于获得一个科学结论,还在于完整参与整个过程并在过程中提出有效的问题,因为这还会影响分组交流中对其他小组的补充与追问。

4. 通过互动追问深化问题解决

问题化学习的课堂是自然流淌的,是学生源源不断的问题推着课堂往前走,不是由教师的问题生拉硬扯地拽着学生往前走。这意味着只有学生一开始的提问,没有持续的追问,还不是问题化学习。所以,对于问题化学习的课堂,要把握的基本原则就是把教师的追问转化为学生之间的追问以及学生自我的追问。

在课堂中,不应只是教师单向追问学生,更应着力形成学生追问学生、学生追问教师、学生自我追问的课堂生态。课堂应该犹如全班学生打一场"思想乒乓球"一般,在不断的补充、追问与探讨下,教师和学生之间、学生和学生之间形成复杂的信息流,知识发生"化学反应",智慧碰撞产生新的思想。

如图7-4所示,师生围绕"你喜欢古代生活,还是喜欢现代生活"这个话题来打思想乒乓球。话题好比一个球,可以由教师发球,也可以由学生发球,最值得发的球就是课堂的核心问题。球发出去之后,有一个学生站起来陈述观点:"我喜欢古代生活,因为古代没有环境污染,人更健康。"教师说:"谁来接这个球?不要回到我提出的问题,你们每个人都要认真倾听,然后接着同伴的话讲,可以认同他的观点并补充,也可以质疑或追问,还可以陈述不同的观点。每一个人都要努力接球。"果然,有一个学生接球了,他说:"我觉得现代生活更好,因为现代生活便捷,医疗发达,人更长寿。"这时,又有一个学生来接球,他有不同的观点:"可是现代生活节奏太快,我们很难享受生命的长度。"有一个学生追问:"生命的意义在于长短吗?"

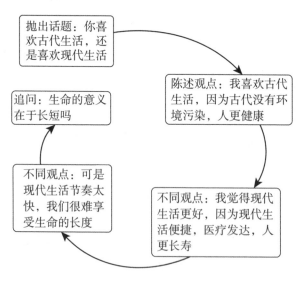

图7-4 "你喜欢古代生活,还是喜欢现代生活"思想乒乓球

这个追问的过程就像在打思想乒乓球,一个球打出去,没有全部回到教师的问题,而是不断有学生接球,一个回答接着一个回答,师生之间进行着思想的碰撞与能量的流动。

5. 问题系统的建构体现学科学习的逻辑与思维

问题系统建构有两个基本依据:一是知识的内在联系;二是学习者的认知规律。因此,问题系统的建构应体现学科学习的逻辑与思维。解决问题不仅是为了解决问题本身,而且要建立良好的心智模式。问题系统的形成过程是解决问题与知识建构的统一过程。

比如,学习地理时学生需要建构时空综合型的问题系统。学生通过追问建构问题系统体现了时空综合的地理问题解决方法。为了了解"西北和青藏地区发展农业的自然环境有何不同",学生可以对这些地区的自然条件进行对比分析,分析过程中就会涉及地形、地势、气温、温度带、降水等地理要素,见图7-5。

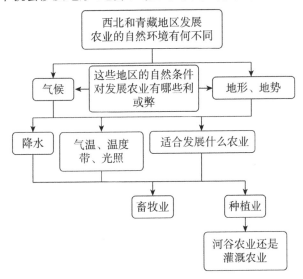

图 7-5 时空综合型的问题系统

6. 通过汇报分享有效检测学习目标达成情况,增值学习成果

汇报分享的意义,一方面在于有效反馈学习的成果,检测学习目标的达成情况;另一方面在于通过互动使成果得以增值。增值体现在通过合作的集体活动提升个体认知的水平,通过内化合作的成果提升个体的经验。因为课堂的基

础是集体逻辑,课堂教学就是个体认知与集体活动交织在一起的过程。

如之前的案例,初中科学课上学生小组合作探究"光在同种介质中是怎样传播的",探究之后设计的汇报方式为集体汇报。

【合作活动 1】

我们组观察到的实验现象是＿＿＿＿＿＿＿＿＿＿。光在空气中沿＿＿＿＿＿传播;光在玻璃中沿＿＿＿＿传播;光在水中沿＿＿＿＿传播。我们得到的初步结论是光在＿＿＿＿(同种/不同种)介质中沿＿＿＿＿传播。在实验过程中,我们发现的问题有＿＿＿＿＿＿＿＿＿。

【合作活动 2】

我们进一步探究了光沿直线传播的条件,即＿＿＿＿＿＿＿＿＿。

通过观察实验,我们的最终结论是,光在同种＿＿＿＿介质中沿＿＿＿＿传播。

交流汇报要求以集体汇报的方式分享小组的观察结论与发现的问题,交流汇报过程中有追问,问题补充出色的小组会获得学分奖励。课堂学习的过程,就是将有典型意义的个人问题在集体中获得共振,变成集体的问题;再通过集体的探究,包括多元的视角与多重的解释,去丰富个人的理解。

7. 在课程视野下实践问题化学习

学生在课堂里提出的问题都要解决吗? 只要是学生提出的真问题,都需要教师去关注。限于有限的时间,课堂上不可能解决所有的问题,但学生的问题需要细心呵护与妥善处理。所以,我们需要转化视角,课堂里产生的问题不一定要在课堂中解决,学习不只是在课堂中发生,要在课程视野下实践问题化学习,让学习全时域发生。

例如,在初中地理"秦岭—淮河一线"的教学中,教师不仅要让学生了解"秦岭—淮河一线"的位置及地理特征,了解"秦岭—淮河一线"南北两侧自然环境、地理景观和居民生活习惯的差异,了解我国四大地理区域的划分及分界线位置,还可以鼓励学生从历史学科的视角出发,更深入地探讨"秦岭—淮河一线"的历史价值与意义。

"秦岭—淮河一线"是否促进了中国南北方历史格局的形成? 剖析中国历史,"秦岭—淮河一线"不仅使南北方在地理方面存在差异,对中国的人文、经济乃至政治格局也有着深刻的影响。例如,在南北政权对峙的时期,"秦岭—淮河一线"常常作为南北政权的分界线。如图7-6所示,教师可以引导学生从地理与历史两个视角更为完整地认识中国山川的面貌特点,帮助学生通过跨学科学习建构问题系统,由此提升学生的综合思维能力。

在课程视野下实践问题化学习,需要注重单元设计,关注学科长作业、学科拓展活动和小专题研究,也要重视跨学科学习及主题式综合实践活动。

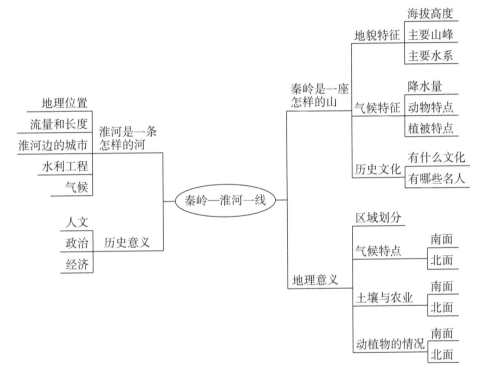

图7-6　史地综合下的"秦岭—淮河一线"

四、学与教的评价测量

1. 问题化学习能力量表

参照"问题化学习能力目标指标体系",问题化学习量表分为两个维度、五个方面。其中,两个维度即个体学习维度与合作学习维度;五个方面即问题的发现力、问题的建构力、问题的解决力、问题的反思力、问题化学习的设计力。之所以要编制自陈式量表,是因为这种测评方式在相关研究中最为常用,而且在设计、施测和记分等方面相对容易一些。它的测试项目要求被试在概括自己在各种情境下学习活动的基础上做出回答,因而针对的并不是某一特定的学习活动。

关于量表的应用,通过 SPSS 统计软件检验,初步编制的量表具有很好的信度和效度。因此在实际应用中,可以从整体上测评中小学生的问题化学习能力。也就是说,可以比较不同群体被试的测验总平均分,因而可以在教学实验中使用,有助于初步评估学生的问题化学习能力,分析学生的个体差异,以及问题化学习能力与学业表现之间的相关性。但由于我们尚未完成量表的常模建立,还不能对每个学生的问题化学习水平做出科学判断,所编制的量表还不属于严格意义上的量表。

2. 人工智能课堂循证

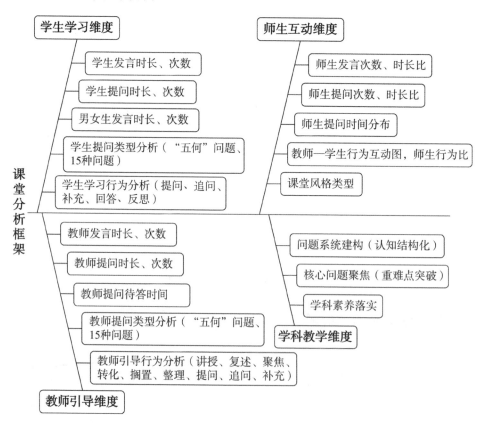

图 7-7   四维度课堂循证分析框架

在 20 年问题化学习研究的理论与实践基础上,我们建立起指向素养的问题解决能力课堂过程性评价模型。以学生的问题为起点、以学科的问题为基础、以教师的问题为引导,三位一体课堂教学原理是基于学生、教师、学科的课堂要素与师生关系的教育哲学思考。我们从学生学习维度、教师引导维度、师生互动维度、学科教学维度出发建立了课堂分析框架,见图 7-7。

我们基于人工智能自然语音语义技术,建立起以问题为线索的高质量课堂数据采集与分析模式。该模式不仅包括学生发现问题的过程、解决问题的行为与思维发展的水平等,还包括教师在课堂上引导学生解决问题的互动过程、行为特征及反映出来的教学知能,也包括问题类型及思维状态,学生与教师提问、追问、聚焦核心问题、建构问题系统、合作解决问题的课堂行为与关键能力。该模式让问题可分析,让思维可见,让素养可测,让课堂里的学习看得见。

3. 建立教学设计、课堂循证与作业检测的数据闭环

建立教学设计、课堂循证与作业检测的数据闭环时需要注意以下几方面:一是基于新课标进行教学设计,并且建立起学科课程核心素养的标签体系,包括目标的分类及水平级,通过标准引领教学设计,让核心素养培育实现落地;二是基于数字化循证通过数据驱动教学改进,让核心素养发展变得可见;三是通过循环验证提升教学质量,让评价迭代问题化学习,见图 7-8。

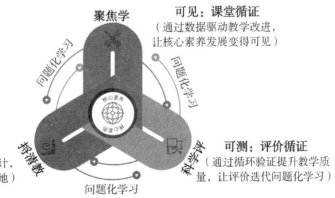

图 7-8　建立教学设计、课堂循证与作业检测的数据闭环

第三节 全学科推进实践体系

全学科推进实践体系,不仅检验了问题化学习在不同学科实施的可行性与有效性,也形成了学科实践模型,探索了不同学科和不同阶段实施问题化学习的多种样态。

一、学科素养落实

将核心素养从一套理论框架或者育人目标体系,落实与推行到具体的教育和社会活动中去,进而真正实现育人功能与价值,是教育领域面临的重大问题。[①] 问题化学习通过提升五大关键能力促进学科核心素养的落实。在学科教学实践中,首先,明确学科的基本问题,对接学科核心素养;其次,梳理提问、追问的维度,培育学科学习视角;再次,建构问题系统,发展学科关键思维;最后,使问题解决遵循学科学习的规律,提升学科实践能力。为此,需要学校整体规划,实践让"问题化学习力"可见的教学实施系统。基于问题化学习落实学科核心素养见图 7-9。

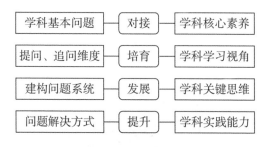

图 7-9 基于问题化学习落实学科核心素养

二、学科实践模型

作为一种学习方式,问题化学习强调学习者自主发现并提出问题、聚焦核

---

① 姜宇,辛涛,刘霞,等.基于核心素养的教育改革实践途径与策略[J].中国教育学刊,2016(6):29-32,73.

心问题、持续探索与追问、建构问题系统、合作解决问题。在问题化学习的学科实践模型(见图7-10)中,"发现问题、定义问题、解决问题"为基本过程,突出前端学习和后端学习,实现了课时问题与课程问题的连接、学科问题与跨学科问题的贯通,建构学科素养和跨学科素养双发展的单元教学,以问题为纽带,形成国家课程校本化实施的框架。

其一,凸显前端学习,学习不再是从确定的学科问题出发,而是在具有大问题空间的任务情境中让学生自主发现问题,然后在教师引导下三位一体聚焦核心问题,持续探索追问,建构问题系统,合作解决问题。其二,不只是为了获得确切的答案,而是要把结果通过解释变成结论,进而对情境做出具有说服力的解释,从知识技能获得走向学科素养发展。其三,非课时学科问题可以通过学科长作业实现专题学习,跨学科问题可以通过小课题研究形成学习成果。

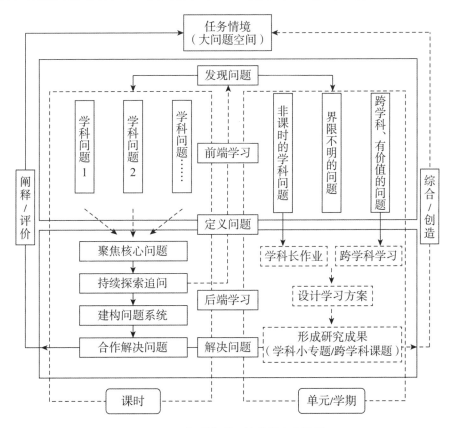

图7-10　问题化学习的学科实践模型

三、学科教学形态

问题化学习的课堂以问题的发现与提出、问题的组织与聚焦、问题的实施与解决、问题的反思与拓展为基本线索,形成学习的基本过程与课堂的一般流程,我们通常称之为问题化学习的"典型课堂"。

随着实践问题化学习的学校类型日趋多样,实施问题化学习的教师渐趋多元,问题化学习的课堂不主张统一教学模式的优势逐步显现出来。以变革学习方式为目的整体推进的成熟学校、以改进教学为目的渐进推进的普通学校,形成了三种课堂实践形态:(1)遵循结构原理的完整实施的典型课堂;(2)改进方式方法的随机切入的改良课堂;(3)以重塑底层价值为目标的持续渐进的成长课堂。

在持续渐进的成长课堂中,问题化学习呈现出渐进样态,包括教师引导阶段、学生初步尝试阶段、学生自主建构阶段。此外,理科课堂相较文科课堂在不同的阶段又有不同的操作重点。通常,在第一个阶段,理科课堂中师生更侧重围绕概念与命题的学习提出问题,建构基本的问题系统,注重学科知识逻辑;在第二个阶段,教师更有意识地鼓励学生在探究、实验等问题解决的过程中相互追问与自我追问,发展学科思维,体现学科认知逻辑;在第三个阶段,围绕一些核心概念、重要原理,通过类比学习或前后联系形成更大的追问系统,实现应用迁移,形成大观念与大概念。

20 年来,问题化学习的学习方式也在不断演进:(1)变教师设问启发学生思考为让学生自己提出问题;(2)变教师组织问题推进为培养学生自主建构问题系统;(3)变教师追问为培养学生相互追问、自我追问的能力。学习方式本身的发展所带来的学科教学实践深入,引发持续的探索。问题化学习在不同学段、不同学科、不同发展阶段的课堂实践中,形成了丰富的实践样态。

第四节 课程视野下的实践体系

如果问题化学习的课堂实践只有课时的视野,那么必定走不远。因为学习发生的场域不仅在课内,还在课外。我们对于课堂的理解,也不能局限于班级授课制下的课时。以学习为中心的课程,需要我们逐步建立起学时的概念。

一、学科单元中观设计

单元是中观层面的课程基本单位,也是实施较为完整的学习过程的基本单位。大一点的课程单元为发展和评估学生复杂学习能力的教学活动提供足够的时间。[①] 正因为如此,单元学习过程设计更体现了中观课程实施的价值,那就是教师对知识脉络、逻辑关系的把握,对落实学科"双基"、发展关键能力、培育必备品格与价值观念的整体性思考。实践证明,要在短期内提升新教师课程实施的能力,中观层面单元设计的专业训练是有效途径。

问题化学习的实施强调课程视野下的教学,需要在单元层面思考如何基于问题化学习体现完整的学习过程,如何安排课时、选择课型;在一个完整的单元学习中,知识如何连续建构并形成结构,经验如何获得并实现迁移,情感如何在不断体验中获得升华。

课程视野下的教学强调教师对学科课程教材的三次转化,即教材教程化、教程学材化、学材学单化。因此,学科组、备课组必须通过集体备课的方式,集中研讨确定单元的教学方案。

(1) 双重目标的落实。一是掌握课程标准和考试要求中相关知识内容的学习要求与教学建议,教师必须明确教什么、教到怎样的程度。二是明确问题化学习能力目标和本单元学生能力发展的规划。

(2) 关注标准向目标的转化。教师必须制定清晰、规范的学习目标,目标应具有可检测性,用行为化的动词来界定学生学习的结果。

(3) 制定合理的单元教学进程。学科组对完成单元教学要形成统一的认识,并充分考虑单元检测与学生差异化补救可能需要的时间。

(4) 教学策略的制定需要考虑这样一些因素:一是知识的不同类型;二是多样的教学方法与评价方法的运用;三是问题化学习能力目标的综合达成,即一个单元内,除了学科素养的落实,还需要就"问题的发现、建构、解决、反思及设计"这些问题化学习的关键能力培养进行活动设计。

---

① [美]安德森,克拉斯沃尔,艾雷辛,等.学习、教学和评估的分类学:布卢姆教育目标分类学修订版(简缩本)[M].皮连生,译.上海:华东师范大学出版社,2008:97.

（5）主题单元设计必须开发与课时目标相配套的多样的学单。学单的开发与应用贯穿一条主线，即"以学习为中心"，提供教学支持。

二、学科拓展学习与长周期作业

长周期作业，顾名思义，是指学生用较长时间完成的作业，通常围绕一个特定的主题，以解决学生问题或完成生活中的真实任务为主线，以学用结合为核心，引领学生开展以本学科学习为主的实践活动，促进学生解决实际问题。长周期作业有助于培养学生主动行动与持之以恒的品格、团队合作及创新实践能力等。基于问题化学习的学科长周期作业的设计与实施，通常先确立探究的问题，基于问题设计真实的任务，以学材和学单为载体支持较长过程的学习，通过评价导向自主学习，并凸显作业成果的作品化。

如果说长周期作业通常是教师课程设计中的预定部分，那么，由学生追问生成的学科小专题研究，通常是以学生在学科学习过程中产生的课程之外的真实问题为起点，自主进行的相关专题研究。

随着问题化学习的不断深入，学生的提问意识越来越强，提出的问题也越来越具有深度和广度。有的问题是学生后续会学习的内容，但他们迫切希望探究问题的结论与答案。有的问题虽然与课程本身无关，但他们特别感兴趣。该怎么办？课堂上很难解决学生所有的问题，但教师可以引导学生把课堂中颇具挑战性且又无法当堂解决的问题，通过学科小专题的方式在课后自主开展研究，培养学生运用学科思想方法来解决问题的能力，从而让学习走得更远。所以说，由学生追问引发的学科小专题研究，就是自然生长出来的学科拓展学习。

三、基于问题化学习的跨学科学习

基于单元的问题化学习，突破了单课时实施在课堂结构、教学时间、教学流程上的种种限制。此外，问题化学习可以促进课程之间的联系，包括三方面：（1）学科学习中基于问题生成的学科专题学习，构成了学科课程与学科拓展类课程的问题化连接；（2）分科课程之间基于问题的连接，构成了分科课程之间基于主题的跨学科连接；（3）分科课程与综合课程之间以问题为纽带的贯通，构成了学术课程与实践类课程之间的问题化连接。这些都有助于学校基于问题化学习实现课程体系整体实施、结构优化、全面育人。

基于问题化学习的跨学科学习，不是简单的拼盘学习，是基于问题与问题化学习来建构跨学科的学习活动。基于主题，它使学习内容具有生活的意义；通过问题，它使学习过程具有智慧的意义；经历问题化学习，它使学习者在丰富的场景中解决问题，实现生命成长。

基于问题化学习的跨学科学习，通常可以通过主题式综合活动课程或小学期课程进行。主题式综合活动课程从学生生活出发选取主题，围绕生活主题设计活动和学习任务，通过各类活动丰富学生的学习经历，引导学生整体感受和探索真实世界，是一种以实践、体验、探究为主要活动方式的活动课程。小学期课程是在每个学期的期中，将社会实践活动相对集中安排，通常为期两周，让学生经历真实情境下的跨学科探究活动。在教师和家长的指导下，学生与同伴一起制订自己小学期的学习计划。在探索的过程中，提出自己的问题；在教师的带领下，聚焦有价值的核心问题；在真实情境中，尝试运用多种方法解决复杂问题。学生用不同的形式总结汇报自己小学期的学习成果，关注综合素养的提升。

单元设计示例:功与能

学科:物理　　教材:沪教版　　年级:八年级　　设计者:王金玲

一、单元学习内容

1. 单元内容分析

单元内容要求:本单元出自沪教版义务教育教科书《物理》八年级第二学期第四章《机械和功》中由"4.2 机械功"与"4.3 机械能"组成的单元《功与能》。本单元主要包含三部分内容:一是功和功率;二是能量的初步概念及动能、势能(含重力势能、弹性势能)的概念和相关(决定)因素;三是机械能的概念及动能、势能的相互转化。学习本单元的内容时,学生在了解重力、摩擦力的特点,理解杠杆、滑轮等简单机械,初步认识力及其作用效果的基础上,从功和能量的角度进一步认识物体间的作用及效果,由此建立功和能量的概念,明确功与能的关系,认识动能与势能的相互转化。这为学生后续以能量观念认识热现象和电磁现象奠定了基础。单元知识图谱见图 7-11,单元内容与核心素养见表 7-1。

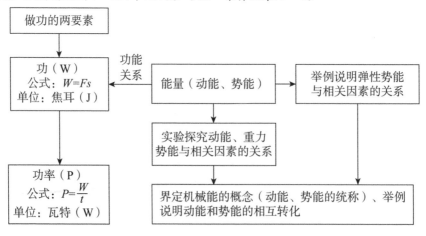

图 7-11　《功与能》单元知识图谱

表7-1 《功与能》单元内容与核心素养

序号	核心内容	物理观念	科学思维	科学探究	科学态度与责任
1	功	●	○	○	○
2	功率	◎	●	◎	●
3	势能	●	◎	●	◎
4	动能	●	◎	●	◎
5	机械能及转化	◎	●	○	●
学习价值分析	学生会体验以下学习过程:(1)在单元大任务的引导下,发现关于功与能的问题;(2)联系生活和生产理解功和功率的概念,初步建立能量、势能(含重力势能、弹性势能)和动能的概念,初步了解功与能的关系;(3)实验探究动能、重力势能与相关因素的关系,举例说明弹性势能与相关因素的关系;(4)界定机械能的概念,举例说明动能和势能的相互转化;(5)了解机械能转化在生产和生活中的应用,能运用能量相关知识解释生活中的现象并解决发现的问题。通过学习,学生能初步形成能量观念,感悟物理对于技术进步和社会生活的巨大作用,同时发展观察、分析推理和论证等科学思维,提升科学探究能力				

2. 学情分析

学习起点:学生已经学过力与力的作用效果,初步理解了力的概念、力的作用效果、重力和摩擦力,但还没有学习功与能的概念、关系。在本单元中,学生第一次从功与能的角度学习物理,且这两个概念在物理学科中的解释与在生活中的理解不尽相同,尤其是功与能的关系非常抽象,难以理解。

学习难点:功的概念界定,功与能的关系理解。

突破措施:通过创设生活情境,引导学生发现并聚焦问题,结合生活经验运用科学思维和科学探究方式建立概念,通过解释生活中的现象解决问题进一步理解概念,理解功与能的关系,同时运用问题系统清晰地呈现这一学习过程与路径。

3. 单元学习目标

(1) 本单元的学科学习目标

以《义务教育物理课程标准(2022年版)》为依据,表述本单元的学科学习目标,包括核心素养具体要求。本单元的学科学习目标见表 7 - 2。

表 7 - 2　本单元的学科学习目标

目标	单元目标描述	学习水平
1	理解功： 理解功的概念,能用生活、生产中的实例解释机械功的含义,能说出做功的两要素,能利用公式 $W = Fs$ 进行简单计算,能说出功的单位	B
2	理解功率： 理解功率是表示做功快慢的物理量,能用 $P = \dfrac{W}{t}$ 进行简单计算,能说出功率的单位,能举例说明功率在实际生活中的应用	B
3	知道动能和势能： 能说出动能的含义,能举例说明决定动能大小的因素。能说出势能的含义,能说出重力势能和弹性势能的含义,列举出影响重力势能、弹性势能的因素(动能和势能的学习,不要求定量计算,只要求定性讨论)	A
4	知道机械能： 能说出机械能的含义,能举出动能和重力势能相互转化的实例(机械能的学习,不要求涉及机械能守恒的问题)	A

（2）本单元的问题化学习能力目标

可以借鉴《问题化学习能力目标体系参考指南》,选择相应的能力水平,简述本单元的问题化学习能力目标。

一是依据学生问题化学习力的现状及本单元的学习要求,重点关注提问、追问及问题系统建构。

二是提问、追问目标为二级水平,重点是帮助学生建立重要概念,让学生理解相关现象,理解功与能的关系。

三是问题系统目标为二级水平,重点指向科学探究。

（3）分课时推进

对单元层面侧重落实的问题化学习能力点，建议整合学科单元学习的重点与素养要求，进行分课时的统筹规划与分步实施。分课时推进的具体内容可以参考表7-3。

表7-3　分课时推进的具体内容

内容	课时	问题化学习关键能力/学科关键素养
功	1课时	提问、追问/学会建立概念
功率	1课时	提问、追问/学会建立概念
势能	1课时	建构问题系统/学会科学探究
动能	1课时	建构问题系统/学会科学探究
机械能及转化	1课时	提问、追问/学会现象解释
单元总结	1课时	反思/学会知识结构化

二、单元情境设计

1. 情境描述

每当你抬头看到小区阳台上的花盆，你是否会担心花盆失去支撑或被风吹落而造成严重伤害？为了防止这类事故发生，请运用能量相关知识描述花盆被搬到阳台的功与功率以及意外摔落过程中动能与重力势能的变化情况，并用图文清晰呈现这一过程，制作宣传海报。

2. 情境类型

一是熟悉情境/简单问题；二是特定情境/实际问题；三是复杂情境/综合问题。学科分类可由学科团队自行确定。

3. 对接目标关键词

对接目标关键词：功、功率、重力势能、动能、机械能及转化；提问、追问、建构问题系统；学会现象解释、学会科学探究、学会建立概念。

三、单元学习结构

1. 单元问题系统

从学习的角度表述本单元将要解决的核心问题，以及围绕核心问题所建构的问题系统。

单元核心问题:阳台上的花盆怎么变成了高空炸弹?

单元问题系统:《功与能》单元问题系统见图 7-12。

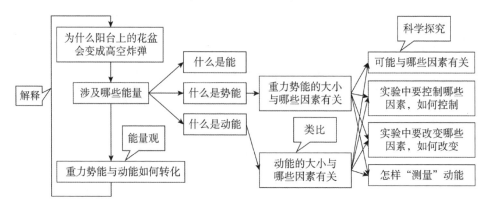

图 7-12 《功与能》单元问题系统

2. 单元任务清单

单元任务清单见表 7-4。

表 7-4 单元任务清单

核心任务	任务清单	教学内容	课时	问题化学习五力模型(侧重)
大任务 从能量的角度描述花盆被搬到阳台上以及意外摔落过程中的能量变化,并用图文清晰呈现这一过程	建立功的概念	功	1课时	问题化学习的设计问题的发现
	比较做功的快慢	功率	1课时	问题的建构
	探究势能的大小与哪些因素有关	势能	1课时	问题的解决
	探究动能的大小与哪些因素有关	动能	1课时	问题的解决
	举例说明机械能的转化	机械能及转化	1课时	问题的解决
	大任务的展示与交流	单元总结	1课时	问题的反思

四、单元学习评价

1. 单元学业质量描述

（可以参考新课标学科学业质量描述，参考分年段要求）

一是能够列举能量转化和转移的实例，知道能量在转化和转移过程中是守恒的，知道机械功、热量、电功、热值等是与能量转化和转移密切相关的物理量，知道它们的含义；能够用能量转化与守恒的观点解释常见的自然现象，解决日常生活中的有关问题，形成初步的能量观念。

二是知道能量的利用存在效率问题，100%的能量利用率只是一种理想的情况；能够用能量转化与守恒的规律对相关问题进行科学推理，并形成结论；在对能量问题进行推理时，能够从信息中寻找证据并进行说明；具有根据能量守恒的观点对一些不当说法进行质疑的意识。

三是能够通过观察周围事物，发现并提出关于能量的问题，根据已有知识对问题提出猜想与假设；能够根据控制变量法制定简单的探究方案，正确使用电压表、电流表测量基本的电学量，正确读取和记录实验数据，并排除简单的实验故障；能够用表格、图像等多种方式展示实验数据，并通过分析和处理数据得出实验结论；能够撰写实验报告，书面或口头表述科学探究的过程和结果。

四是能够从热机对社会发展产生影响的角度体会科技进步对人类和社会发展的推动作用；能够从能量转化的角度认识提高效率的重大意义，增强学习物理学的动力；能够从能量转化和转移具有一定方向性的角度体会节约能源与可持续发展的重要性。

2. 课堂关键表现

（1）联课平台基础数据应用设想

联课平台基础数据应用设想见表7-5。

表7-5　联课平台基础数据应用设想

学生数据	打√	教师数据	打√	互动数据	打√
学生发言总次数、总时长		教师发言总次数、总时长		教师—学生行为互动图分析	

（续表）

学生数据	打√	教师数据	打√	互动数据	打√
学生提问总次数、总时长		教师提问总次数、总时长		师生发言次数比	
男生发言总次数、总时长				师生发言时长比	
女生发言总次数、总时长		提问平均等待时长		师生提问次数比	
男女生发言总次数比、总时长比				师生提问时间分布	
学生"五何"问题分析		教师"五何"问题分析			
＊学生15种问题分析		＊教师15种问题分析		课堂结构类型	
＊学生学习行为分析（提问、追问、补充、回答、反思）		＊教师引导行为分析（讲授、复述、聚焦、转化、搁置、整理、提问、追问、补充）			
其他分析（打√）					
高频词分析					
＊互动过程中关键教学片段分析					

注：有＊代表需要手动打√才能形成数据,没有＊代表系统可以自动形成数据分析结果。

（2）学科学段课堂观察量表（母体校推荐）

学科学段课堂观察量表示例见表 7 - 6。

表 7 - 6　上海市教育学会实验学校八、九年级阶段性课堂观察量表（科技）

班级		执教者		地点		日期	
突破点	创设问题情境,聚焦关键技能发展						
课题							

（续表）

属性	观察项目	观察对象	观察点	得分
课堂观测指标	目标描述 30′	教师 30′	1. 能够按照单元教学目标和班级学生的实际情况,制定"一个目标双重任务的课时目标" 2. 目标中包括学科活动、学习过程(问题化学习经历)、学习结果、表现程度四个要素	
	教学流程 50′	学生 50′/20′	1. 学会倾听他人的问题 2. 能够围绕学习主题或存在的疑惑进行提问 3. 能够对自己学习中的问题或他人的问题进行追问 4. 在教师的指导下或者在伙伴的帮助下建构问题系统,找出解决问题的学习路径 5. 能够设计小组合作学习流程,并按照流程开展合作学习活动	
		教师 50′/30′	1. 课堂中要有情境的设计,引导学生在情境中自然生成问题 2. 用多元的评价方式引导学生提出问题,在解决问题的过程中发展学生的关键技能 3. 能够引导学生关注问题解决的过程,运用思维乒乓球、推拉技术、合作学习等手段帮助学生聚焦核心问题,从不同的视角引导学生追问 4. 能够在板书上呈现本堂课的问题系统或重要的内容与方法,并对课堂教学进行反思,课堂中要有追问	
	评估检测 20′	学生 20′/10′	1. 能够用多种方式呈现学习结果,反思自己的学习过程 2. 能够根据一定的标准评价自己或者他人的学习结果	
		教师 20′/10′	1. 能够依据课时目标,用练习单、问题等方式检测学生的课堂学习结果 2. 能够及时评价学生的学习结果,并及时引导学生改正错误	
总体评价	90—100 分	80—89 分	70—79 分	60—69 分	60 分以下	总分
	优秀( )	良好( )	中等( )	合格( )	需努力( )	
	综合评价					

评课人:_____

3. 单元检测

(1) 单元大任务表现性评价

可以围绕单元综合性活动研制表现性评价量表,见表 7-7。

表 7-7　表现性评价量表

设计者		评价者					
评价指标							
指标/分值	表现性描述	1	2	3	4	5	
完成度	完成所有的任务要求						
科学性	呈现的内容无科学性错误						
通俗性	图文介绍清晰明了,用通俗、流畅的语言介绍						
美观度	图文呈现整洁、美观						
趣味性	内容或表达有趣,能吸引他人的注意力						

(2) 单元测试卷

略。

课时设计示例:为玩具屋设计电路

学科:科学　教材:牛津版　年级:七年级　设计者:王金玲

【学习目标】

> 备注:基于单元设计方案,把课时需要达成的目标,在此处进行陈述。将学科学习目标与问题化学习能力目标有机整合后叙写,明确问题化学习力的课时发展重点。
>
> 叙写:(1)通过×××学科学习活动,经历怎样的问题化学习过程,获得怎样的学习结果,达到怎样的表现程度;(2)问题化学习过程是指"提出×××问题,追问×××方法与关键要素,建构×××问题系统,形成(设计)×××结果,反思改进×××,最终实现×××结果",所有×××就是这个单元或课时的知识内容;(3)目标主体是学生,考虑到实践基础,也可以在教师引导或合作下开展学习;(4)问题化学习能力目标对学科(课程)核心素养的促进与落实作用。

1. 通过分析任务的具体要求,提出有关电路设计的问题[Ⅰ①],追问电路设计的方法与关键要素,建构电路设计的问题系统[Ⅱ],设计电路、验证设计的结果[Ⅲ],反思改进相关内容[Ⅳ],最终能基本明确电路设计的一般过程[Ⅴ③]。

2. 通过电路设计,提出需要哪些知识与技能的问题[Ⅰ①],追问并联电路与串联电路的区别[Ⅱ②],85%学生能区分并联电路与串联电路,基本学会画电路图,能根据电路图正确连接电路并处理简单的电路故障[Ⅲ④]。

注:① 物理观念,②科学思维,③科学探究,④科学态度与责任;Ⅰ问题的发现力,Ⅱ问题的建构力,Ⅲ问题的解决力,Ⅳ问题的反思力,Ⅴ问题化学习的设计力。

【学习重点】

电路设计;并联电路与串联电路的区别。

【学习难点】

根据电路图正确连接电路并处理简单的电路故障。

【三位一体】

1. 学生的问题（预估或搜集）

（1）我如何分析任务的需求？

（2）我怎么表达自己的设计？

（3）我怎么知道自己的设计是否满足需求？

（4）会不会触电，或者有别的危险？

2. 学科的问题（学科学习重点）

（1）并联电路和串联电路分别有什么特点？

（2）设计电路时，我该怎么根据具体情形选择基本连接方式？

（3）我怎样用电路表达自己的设计，需要注意哪些细节才能使设计更规范？

（4）我怎样根据电路图连接实物电路（并联电路），发现问题时，如何修改？

（5）我怎样用科学规范的语言配合电路图清楚表达自己的设计？

3. 教师的问题（教师引导的主干问题）

（1）你们认为这个任务可能会有怎样的需求？

（2）老师先提供一个方案，你们看看会有什么问题？

（3）在小组交流的过程中，你们聚焦的问题是什么？

（4）怎么验证你们的设计呢？

（5）在连接电路的过程中，你们遇到了哪些问题，是如何解决的？

（6）如何反思改进你们的设计，你们的问题系统是怎样的？

（7）今天的任务还可以怎样升级？

4. 课时核心问题

核心问题：怎样根据具体需求设计电路？

备注：基于学科的基本问题，结合学生的学习起点，以及学习×××内容需要突破的关键问题与可能遇到的核心障碍，综合考虑并预设本课时学习的统领性问题。

★预设核心问题时需要关注：(1)问题的解决对达成主要教学目标发挥决定性作用；(2)问题基于学生原有的认知基础，能引发学生的认知冲突，对学生来说有一定的挑战性；(3)问题有一定的探究空间，有一定的思维含量与开放度；(4)问题是统领课堂的主线索，是能够解决学科基本问题的关键性问题。

【课时问题系统】

备注:问题系统是指围绕本课时的学习主题,由具有内在联系的诸多问题所构成的问题集合,通常指向本课时核心问题的解决。

★课时问题系统的预设应尽可能体现学科学习的规律、学习者解决问题的思维过程与认知路径,问题系统建构应着力发展学生的思维方式,帮助学生实现认知升级,而不仅仅是简单归纳知识地图。问题系统可以通过提问归纳或通过追问建构,预设问题系统也可以表征为不同的形态,如可以采用问题集、问题链、问题网等图示方法。

《设计电路》课时问题系统见图 7 - 13。

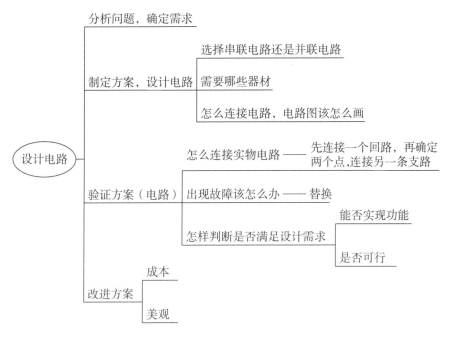

图 7 - 13 《设计电路》课时问题系统

【学与教的过程】

学与教的过程见表 7 - 8。

表 7-8 学与教的过程

学与教的过程	互动解问	问题化学习力和学科素养
活动一:电路的设计与交流 1. 解决问题 如何设计电路,需要从哪些方面思考 2. 活动目标 (1) 能根据具体的要求设计电路,并画出电路图 (2) 能用科学的语言结合电路图分享设计的电路 3. 活动步骤 (1) 根据任务,确定可能的需求 (2) 根据要求,每个学生独立思考,设计电路 (3) 小组讨论,形成小组的设计,如果有问题,可以记录下来 (4) 交流小组的设计,并汇报还存在哪些问题,其他小组的学生追问或补充	1. 学生困难预判:无法正确选择并联电路或串联电路 教师引导策略:关键词引导 2. 学生追问预设:为什么选择并联电路而不是串联电路,两者的本质区别是什么 教师引导策略:引导学生分组比较	问题的发现力 1. 能分析任务,主动思考,发现问题;能清晰、准确地表达自己的问题;能理解他人的问题,并进行转述 (如例 1 所示)
活动二:设计的验证 1. 解决问题 如何验证自己设计的电路 2. 活动目标 (1) 能根据设计的电路图连接实物电路 (2) 能验证电路是否符合设计需求,并处理简单的故障 3. 活动步骤 (1) 根据设计的电路图连接实物电路 (2) 小组验证电路是否符合设计需求 (3) 每个小组推选一名验证官,相互验证并汇报	1. 学生困难预判:无法判断电路设计中的关键问题 教师引导策略:关键词引导 2. 学生追问预设:电路设计中最关键的是什么,为什么 教师引导策略:小组合作交流,实例分析	问题的解决力 2. 能运用学科方法合作设计并解决问题,清晰表达自己的方法;能认真倾听同伴的方法,并说出自己的想法,相互借鉴;解决问题时会借鉴他人的方法与思路

（续表）

学与教的过程	互动解问	问题化学习力和学科素养
活动三：设计的梳理与升级 1. 解决问题 如何改进自己设计的电路 2. 活动目标 （1）反思并改进设计 （2）回顾并梳理技术设计的一般过程，形成问题系统 （3）运用所学知识解决升级的新问题 3. 活动步骤 （1）教师追问如何改进（从元器件选择及成本角度引导），学生思考并提出建议 （2）师生一起梳理问题系统 （3）学生思考任务如何升级 （4）设计升级任务的电路图	1. 学生困难预判：无法整合问题 教师引导策略：运用类比的方法 2. 学生追问预设：如何理解基本的计算格式和要求 教师引导策略：小组合作交流，实例分析	问题的建构力 3. 能主动发现问题之间的联系，在教师的引导和帮助下学会自己建构问题系统；在合作过程中，能注意到他人不同的问题系统，并理解不同问题系统所代表的学习路径 问题的反思力 4. 能回顾并反思本节课所学的知识，完善自己的问题系统 （如例 2 所示）

例1：能基于学科思维，提出有探讨价值的问题

> 能基于科学思维，提出涉及推理、分析、归纳等思维活动的有探讨价值的问题

例2：能从不同视角提出多个问题，建构问题系统

> 能从成本、美观、功能等视角提出对电路设计进行改进的问题，建构问题系统

【板书设计】

板书设计可以与课时问题系统有机结合。

【作业布置】

基于问题化学习的作业分类见表 7-9。

表 7-9 基于问题化学习的作业分类(供参考)

六类作业	情境	难度	指向
学科"双基"短作业	—	Ⅰ级或Ⅱ级	记忆、理解、简单计算
学科能力短作业	—	Ⅱ级及以上	分析、综合、复杂运用
学科素养短作业	学科情境	Ⅱ级或Ⅲ级	"双基"、能力、学科核心素养
跨学科素养短作业	跨学科情境	Ⅱ级及Ⅲ级	学科核心素养、跨学科能力
学科长作业	学科情境/跨学科情境	Ⅱ级及以上	综合学习能力、元认知能力
跨学科长作业	跨学科情境	Ⅱ级及以上	多学科核心素养、五育融合

第八章　建构教师发展体系

建构教师发展体系,需要回答教师如何成长的问题。我们认为教师自己也是问题化学习者、实践性智慧的生产者。我们关注教师活力团队建设的机制,希望自下而上地激发教师的活力,建设自驱动的活力团队。我们希望建立教师研修课程体系,包括"教研修一体"的建设与多种研修课程的探索等。

第一节　教师专业成长逻辑

教师专业成长的内生力源于教师自己也是一位问题化学习者,教师团队的活力机制在于成就每个人,教师研修体系的机制在于"教研修一体",研修课程建设在于过程伴生、共建共美。

一、教师自己也是问题化学习者

我们发现,教师作为问题化学习者,很大程度上决定了自己将来能在问题化学习的实践道路上走多远。"追问的自我修炼"是教师成长为一个问题化学习者的必由之路,而发展审辨式思维具有核心价值。教师作为问题化学习者,其关键能力包括四方面。

一是教师的问题化学习力。教师的问题化学习力包括三方面:(1)教师的提问——驱动性问题的设计能力;(2)教师的追问——推进性问题的演进能力(分解、联系、扩展、转化、归纳、深化);(3)教师判断核心问题、建构问题系统、运用学科思想方法解决问题的能力。

二是问题化学习的教学设计力。问题化学习的教学设计力是指教师把握学科关键问题确定学习目标、三位一体预设核心问题、三位一体预设问题系统、设计问题情境、设计学习进程、设计学习活动、设计学习评价的能力。

　　三是问题化学习的课堂实施力。问题化学习的课堂实施力是指教师"课堂聚焦核心问题，建构问题系统""课堂应对学生问题，组织有效交流""课堂推进问题解决，组织有效分享""课堂促进反思回顾，形成学习经历"的能力。

　　四是学生问题化学习的培育力。学生问题化学习的培育力是指教师引导学生发现与提出问题、引导学生聚焦核心问题、引导学生建构问题系统、孵育学生持续追问、支持学生独立解决问题、支持学生合作解决问题、促进学生自主反思问题、指导学生规划学习方案的能力。

二、"想—做—写—讲"符合教师知识生产逻辑

　　教育作为一门实践性科学，需要摸索教师实践性智慧的产生机制，遵循教师知识产生规律，从而系统化教师经验生产过程，并建立知识传播路径链。教师在实际的场景中积累实践性知识，教学知识产生的过程具有一定的科学规律。教师实践性知识生产系统见图 8-1，需要把想的做出来，把做的写出来，把写的讲出来、传播出去，让更多的人一起来做。

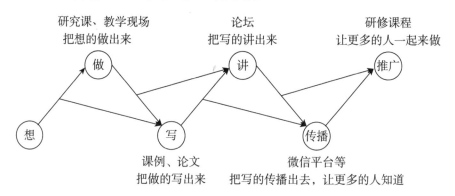

图 8-1　教师实践性知识生产系统

　　1. 把想的做出来

　　思考是核心，教师对于即将进行的实践要有思考，有初步的假设，然后带着思考去实践。教师在做（实践）的过程中要进行反思，行与知、实践与认识是相互促进的过程。所以，把想的做出来，第一层含义是实践有预想、有假设，不是盲目地去实践；第二层含义是实践的过程伴随着思考；第三层含义是空想无益，实践出真知。

2. 把做的写出来

把做的写出来有两方面的意义：（1）教师结合实践性智慧形成经验积淀下来，需要把做（实践）的写出来形成文字，写的过程也是梳理和经验逻辑化的过程；（2）写出来的经验不仅是对自己实践的提炼，也会转化成可以传播给其他实践者的结构化信息。虽然很多默会的知识确实需要口耳相传、现场指导才能被领悟，但如果写得好，提炼得准确，表达得充分，也能让更多的实践者获益。

3. 把写的讲出来

把写的讲出来有两方面的功能：（1）对于个体而言，讲出来的过程是又一次信息加工的过程，因为试图让听众更明白，有时候需要提纲挈领、言简意赅，有时候需要结合案例、深入浅出，因此教师需要对自己所做的实践有更精确的认识；（2）对于群体而言，讲的过程更具有互动的功能，在互动中，经验得以分享、智慧得以碰撞，碰撞的过程中又会产生新知识，使得原先的经验得以增值。

此外，实践的经验是先写后讲，还是先讲后写，两条路径因人而异、因情境而异，可以彼此打通，相互促进。要尊重教师不同的工作习惯，通过设计学习沙龙、专题论坛鼓励教师把自己的实践智慧用不同的方式表达出来、分享出来，从而把实践的智慧显性化。

最后，如果要让更多的人一起来做，还需要开辟更多的传播途径，开发教师研修课程，把教师的实践性知识结构化、系统化，形成可以借鉴与应用推广的方法，让更多的同行来实践。

三、研究之路：从一个人到一群人

围绕问题化学习，我们团队经历了七个研究阶段，包括教学设计起步、深入学科的实践、探索课堂形态、研究学生学习、基于学校的实践、区域整体架构与推进、创建母体学校全面改革实验。通过长期的研究与实践，在课程开发与教学设计、课程实施与课堂教学、课程评价与教学评估、基础教育科学研究的课题管理与成果孵化、区域学科人才培养与队伍建设、单一学科改革与整体学校改进等方面，形成了具有本土教育文化特质、新时代教育特征的研究成果。目前，问题化学习在上海市乃至全国范围的教育教学改革行动中已经产生一定的辐射力，在这个过程中也形成了一批具有影响力的教师研究团队。我们拥有 15

个学科团队、52 个教师研修工作坊、100 多位品牌教师、500 多位种子教师,积累了成千上万的研究课例。顾泠沅老师评价问题化学习多年的实验探索:本土孕育,注重行动,面向未来。

1. 教学设计起步

2000 年,华东师范大学祝智庭教授提出"创新教育猜想":在小学、中学就让学生不断经历学解老问题、解决新问题、解决疑难题、发现新问题的学习路径,这或许是民族创新的灵魂。

于是,研究团队借助"祝氏猜想"开始实践。但是,语文阅读理解难道也要遵循"学解老问题、解决新问题、解决疑难题、发现新问题"的学习路径吗?人文之父狄尔泰说:"自然界需要解释说明,对人则必须去理解。"与科学探究不同,人文感悟需要感知、移情、领悟、内省、评价、审美。不同学科的问题是不同的,路径也应有所不同。

2. 深入学科的实践

科学以探究为核心,技术以设计为原理;数学通过逻辑推理,艺术则以审美体验;人文感悟通过内省与反思,讨论与对话,认识自己,相互理解。问题集、问题链、问题网、问题域……问题系统的建构体现的是学科思维。

然而,一个设计良好的问题系统,体现的还是一个教师主导的课堂。如何从问题化的教,走向问题化的学?如何从问题系统导学,走向问题系统自建?中国教师根深蒂固的就是侧重教的。大家质疑:"最终都是解决问题,问题由学生提出与教师提出,究竟有何不同?"学生说:"自己的问题自己会动脑子,解决好了变成自己的东西,而且同学心中也可能会有这个问题!"学生理解了,这是从学会走向会学。学生懂得了,这是从"跟团游"走向"自助游"。

3. 探索课堂形态

课堂里,以学生的问题为起点、以学科的问题为基础、以教师的问题为引导,三位一体产生有效的学习问题。课堂里,学生带着问题进教室,学生的问题是起点却不是终点;教师基于学生的起点问题,引导学生发现核心问题;基于核心问题,引导学生建构问题系统;基于问题系统,引导学生形成自主解决问题的通路。课堂所要经历的,就是源源不断的自由、热情、智慧与能量所迸发的激动人心的过程。

于是，我们发现，学生提不出问题并非真的没有问题；有的学生爱问为什么，有的学生爱问是什么，有的学生更愿意在小组讨论中解决问题；问题化学习的课堂中男生突然踊跃起来；很多学生开始关注核心问题而不仅仅是自己不懂的问题……

4. 研究学生学习

我们在高中、初中、小学做了 100 多人次的案例。它成为我们团队在 2012 年最扎实的课堂田野研究。我们希望读懂学生的错误、读懂学生的问题、读懂学生的学习方法、读懂学生的感受……

问题化学习的探索凝聚了一批相当优秀的学科教师，越来越多的人参与其中，我们组建了小学语文、小学数学、初中语文、高中语文、中学数学、小学自然、英语学科等团队，然而，志愿者的行动并没有给学生带来改变。教师志愿者分布在不同的学校，势单力薄，这个班级，语文教师鼓励学生自主提问，数学教师说不要有那么多问题；那个学校，数学教师让大家围起来合作，英语教师说快把椅子搬回去……

5. 基于学校的实践

2012 年，我们开始实践实验学校整体推进，同行者多了，问题也更多、更复杂了：学生不会提问题，学生不能提出核心问题，学生不会合作解决问题；教师自己无法判断核心问题，教师不能有效掌控班级纪律，教师无法完成教学任务，教师无法掌握学习成效；同事无法理解自己的想法，同事不赞同自己的做法，总是感觉一个人在战斗；以学生的问题为起点是否意味着所有课堂的导入都必须从学生的提问开始，基于问题系统优化的设计在不同学科究竟怎样来体现，英语学科怎样开展基于问题化学习的课堂教学，小组合作学习是不是问题化学习课堂中的一种必要形式……

问题化学习的目标似乎变得遥远，问题化学习的探索似乎举步维艰，问题化学习让学科间对教学的理解变得更加缺少共识，问题化学习让先行者沮丧从而变得摇摆不定。

问题的搜集需要我们开发"学单"；问题的搜集需要我们充分重视学习小组的组建、实施大单元教学；问题的暴露需要我们做好活动的设计、注重诊断单的开发与运用、重视小组合作学习；问题化学习遵循学科教学规律；教学工具能够有效促进教学效率提升;教学资源是学习方式转型的有力支撑;教学环境是提升"三效"的助推剂;实现学生主动参与需要我们真正转变学生观、教学观;实现学生主动参与需要我们关注课堂中的表现性评价……

然而,那些失去了鼓励就无法自主前行的教师与学校,又该如何? 团队如何走向自组织? 学校如何走向自适应? 教师如何走向自生长?

6. 区域推进机制

当种子教师变成导师时,当教师个人品牌浮出水面时,当研修结构发生变化时,当学校变革整体发生时,我们看到了另一种曙光。

问题化学习研究团队的"编年史"如下:(1)2003 年,国家青年基金课题立项;(2)2004 年,学科团队建立;(3)2008 年,课堂形态探索;(4)2011 年,开展"读懂学生"田野研究;(5)2012 年,成立实验学校;(6)2014 年,建立区域项目组;(7)2015 年,召开全国年会。这是我们自己的编年史,过程中有诸多惊喜,更有不尽艰难,我们乐在其中。如今,问题化学习在全国迎来了越来越多的同行者。

7. 走向集成创新

2015 年 11 月,上海市宝山区教育局在上海教育学会的指导下成功举办第一届问题化学习全国教育研讨会,全国各地的代表参与了本次会议。多家媒体争相报道,问题化学习的研究在上海市乃至全国产生了广泛的影响。

在第一届问题化学习全国教育研讨会上,时任上海市宝山区教育局张晓静局长提出了区域推进问题化学习的六大举措:(1)成立问题化学习研究所;(2)倾力创办好九年一贯制的母体校;(3)完善基地学校、区域学科团队研究推进机制;(4)健全成果孵化机制;(5)完善跨地区合作运行机制;(6)建立云校共享机制。

上海市教育委员会原副主任张民生说:"教育深层次的目标是促进学生的学习,抓准了一个课题,长远地面对未来复杂多变的社会。"上海市教育学会尹后庆会长指出:"学习是一种主体性的培育。"顾泠沅教授指出:"问题化学习不仅是基础问题和动力问题,更是从基础动力到过程结果全方位的一种学习,难度很高,但解决好会让一个时代产生大的变化。"

然而,我们依然渴望更多地调整课堂的结构、课程的结构、班级的结构、学校的结构。我们希望以全新的视角,在更大的空间,动摇学科的边界、班级的边界、教室的边界与组织的架构,从而解放教师的大脑,释放学生的潜能。

还记得,2016 年 8 月 23 日,在问题化学习暑期研修班上,上海市教育学会苏忱秘书长指出:"树立高远的目标,才能成就高贵的人。"张晓静局长说:"创业是一个疯子带着一群傻子,在做一件未来可能很厉害的事情。疯子带着他的激情和梦想,傻子带着他的勤奋与坚持。"

2016 年 9 月 1 日,问题化学习母体实验学校——上海市教育学会宝山实验学校正式成立。问题化学习研究从着力于课堂转型走向支持问题化学习的课程结构、以培育问题化学习者为目标的学校系统变革、集成创新的整体实验。

母体校以培养问题化学习者为目标,使整个问题化学习的研究走上了变革课程与变革学校的行动之路。从研究课堂形态走向育人环境的总体架构;从研究学科教学走向学校学程重建;从改变教师课堂行为走向激活每个底层细胞;学习先发生,教育才产生;教育最终的归宿在于育人;重建问题化学习者的理想课程,全学科、全时域实施问题化学习,让学生无穷无尽的问题成为课程升级的源代码。于是,问题化学习,有了课堂之外的故事,涌现了教室"问吧",出现了班级"分答"游戏,有了校园探秘,有了科技馆的问题探秘、迪士尼的问题探秘,有了开学典礼的智慧锦囊、校园节的金问题评选,有了"家有问娃"的亲子研究联盟……

2016 年,我们有那么多激动人心的时刻:(1)2016 年 8 月 21 日至 23 日,开展了问题化学习全国暑期培训活动;(2)2016 年 9 月 10 日,在宝山区综合改革推进会上,正式揭牌成立问题化学习研究所;(3)2016 年 10 月 15 日,承办"发展批判性思维和创造性思维——形成学生问题解决的能力"中美文化教育论坛暨培训活动;(4)2016 年 12 月 12 日,召开第二届问题化学习教育年会,建立研究所专兼职研究团队,授牌 12 个全国实验基地、6 个学科团队、12 个教师研修工作坊、27 位品牌教师、200 多位种子教师;(5)2016 年 12 月 18 日,问题化学习首次登上中国教育学会学术论坛。

我们需要草根实践,更需要科学研究;需要常态实施,更需要健全管理;需要建设实验基地,支撑学科团队,哺育种子教师,擦亮每个品牌,更需要健全合作交流,建立学术制度,孵化研究成果,建立分享机制,让问题化学习研究持续深入开展。

　　问题化学习研究从一个国家青年基金课题到众多科研员、教研员和基层教师深度卷入的综合改革项目；从一个获奖成果到成立研究所，建立实验学校，形成问题域和成果群；从一个区内的教学改革行动到全国各地关注和参与的行动，20 年所走的历程，是一颗种子生根破土、苗壮生长、开枝散叶、由"树"成"林"的过程。

四、教育理想：做一个终身的课题

1. 做一个在职业状态里的人

　　记得有一天，我问课题组的乐乐老师："你第一次参加我们的研讨沙龙，感觉如何？"他说："我喜欢这样的氛围，疾风暴雨才见成长，最艰难的时候往往是成长最快的阶段，这是我的感受。"我说："第一次听你发言的时候，我就感受到你的热情与冲动，以及等待爆发的力量，我喜欢大家在一起有闪电与雷鸣，因为这是生命的过程。"后来我想，判断一位教师是否优秀，或者将来是否有可能变得优秀，并不是看他有多少头衔，也不必太在意他现在的起点，而是要看他是否具有一种天然的职业冲动，让人看到他谈到自己的课堂时，是一个眼睛会发光的人，是一个在职业状态里的人。这样的教师必然有着自己的课堂理想与教育梦想。

2. 我们这代人的教育梦想

　　有人说，我们这一代人，一般不轻言理想，即便有理想也会羞于出口。不过，课题组的飞羽老师总是在电话中跟我说："放心吧，王老师，我会坚持下去的，因为我们都是有教育理想的人。"这话听起来自然又温暖，其实在我们的内心深处，很多教师都有自己的教育梦想与理想。

　　不可否认的是，几乎所有的教师心中最大的理想就是学生的成长，这是我们教师内心深处易被触及的最敏感、最柔软的部分。用飞羽老师的话说："一线教师做研究的最大动力不是所谓的奖励，也不是他人的赞美。因为学生的成长就是最好的奖励，自己的进步就是最高的赞美。"

　　我们围绕问题化学习的教育追求其实很朴素，就是要实现学生自由而智慧地学习，这就是我们的教育梦想。在这个人们对教育改革充满期待但依然举步维艰的时代，我们要身体力行，用最务实的方式，保障学生自主学习的权利，激发其潜能,增长其智慧,回到教育对于人主体发展的真正意义上来。这既是对学习本质的思考,也是对学生主体回归的生命关照。

我们曾经不断地问自己:"什么样的研究才能激发一线教师最真诚的投入?"我想,一定是深入学科、观照课堂的研究;一定是基于一个真实问题的研究;一定是在教学过程中对学生的发展、课堂的变化与自我的成长有了真切感受后进行的研究。牟宗三在《生命的学问》中指出:"不是自己生命所在的地方,就没有真学问出现。"

当然,有了冲动还要有行动。我们的研究有这样一组数字:20 年的研究,涉及 60 多所学校,500 多位教师,15 个课程领域,无法准确统计的研究课、讨论会、教师访谈,近百万字的读书笔记……

下面这段文字记录了 2013 年 3 月 21 日我在一个学校观课后的感受。

今天我坐在下面听课,要说我真实的感受,是既兴奋又紧张,既期待又忐忑。兴奋的是,学生的状态一如既往的好,他们积极投入、主动发言、大胆提问、热烈讨论,全然不顾下面坐着那么多听课的教师。兴奋的是,我们一起坐在海滨二中条件有待改善的像防空洞一样的听课教室里,看着学生拦也拦不住,挡也挡不住,拼命地往前跑,那种感觉,恰似久旱逢甘霖。确实,我们与他们有着一样的教育价值追求,让学生抒怀他们的学习激情,也抒怀我们的课堂理想。如果说我们与很多寻求教育发展的实践者有着一样的教育追求,那么在实现的路径上,我们也在寻找一种突破的方式,这种方式就是问题化学习。

于是,我问那个坐在课堂里的自己"如果我只是为人父、为人母,我是否愿意让自己的孩子在这样的环境中学习、生活",答案是我愿意,而且,非常非常愿意。因为,我不仅希望他们收获学科知识,也希望他们提升自己的思想,更希望他们在学习的过程中历练性格。

于是,我对莫晓燕老师和执教的苏岚老师、徐锦老师说:"其实,每个人都可以有自己的教育史,如果我们自己愿意,我想,这样的课堂,就可以是我们自己教育史中的一页。虽然我们不自高自大,但我们也不妄自菲薄。"

20 年来,几乎每一周我们都会有学科团队共同参与的研究课活动。几乎每一次听课研讨,我们都会记录下自己的点点滴滴。所以说,围绕问题化学习的教师课堂行动——于我们,也许不足以谈是事业,但却是我们的生活,我们无法离开的生活。回顾一路走来,当最初的一份憧憬落实到行动时,我们就有了自己的实践;当艰苦的实践变成一份坚持时,我们就有了一份难以割舍的情怀;当这样的情怀成为我们共同的生活方式再也无法离开时,也许我们就拥有了自己的教育理想与信仰。于是,我们就成为那些坚定往前走的人,一步一个脚印,无畏他人的目光,共同地往前走。

3. 是否愿意做一个终身的课题

当你把梦想付诸行动时,你就需要做好长期奋斗的准备。这个过程会很艰苦,但同样充满乐趣,充满摸索之乐、顿悟之乐、成功之乐、艰辛之乐,乃至痛亦是乐。课题研究其实是一群人在一起进行的丛林探索活动,一路走来一定会经历很多艰难困苦,但也一定会有很多意外的收获、独特的经历与美妙的风景,关键是你能否拥有踏歌前行的美好心境。

探索是永无止境的,我与团队的很多伙伴一样,总觉得探索仿佛刚刚开始。我们心中都有一个梦想,这个梦想就是让更多的学生实现自主的问题化学习。这是我们做教师最大的幸福。当大家对教育充满了质疑时,作为教育工作者,我们似乎并不只是抱怨和感到无奈。因为抱怨只能解气,却不能解决问题。我们需要的是将我们的理想付诸实践,坚持不懈地实践。经历过这样的努力,当我今天回过头来再看的时候,我觉得自己已经很难放弃了。我想,这谈不上高尚,相信每一个真诚投入过教育研究的人都会有这样真切的感受。

对于"一个课题要做多久"这个问题,如果这个课题是你的教育理想,它就可以是一个终身的课题。每个人都可以有自己的梦想,如果你做的课题恰巧是你的理想,你便愿意为之投入很多情感。如果它的丰富性足够,值得让你做一辈子,又未尝不可呢?其实人生一辈子做课题,就仿佛画一个圆,问题化学习是一个圆,我一辈子好好地画它,同时也想清楚不同的阶段侧重做什么,最终画好这个圆。

研究其实是一件很纯粹的事,就是找到一件特别有意思的事情。做这件事时,你一定是充满勇气与智慧、既执着又超脱的。若是找到了,你就心旷神怡地去做吧。

4. 人生需要作品

问题化学习历经 20 年实践。一开始没有想到做 20 年,没想到还一直做不完,放不下,不知不觉中做了 20 年。很多人问我,是什么样的力量支撑我坚持下去。我觉得做自己喜欢的东西,是不需要坚持的。你一定要找到自己的兴奋点,找到不需要坚持也一定会做下去的事情。

2017 年夏天,我去了西班牙旅行。在巴塞罗那,我的目光锁定在旷世奇才安东尼奥·高迪的旷世之作,那个造了一百多年,还没有完成的圣家族大教堂。

按照天主教的教义,只接受通过捐赠所得来建造教堂,因此很多教堂都要花费一两百年才能建成,一旦建成则可以延续千年之久。但建筑设计师却常常很难活着看到自己设计的教堂完工,愿意去设计一个很有可能死后才能完成的作品的建筑师令人尊敬。

每个人都可以有自己的人生作品。教师的作品可以是一门精品课程、一个终身研究的课题、一堂反复打磨且独具匠心的好课等。2017 年的问题化学习全国教育年会上,我们开始为品牌教师搭建更大的平台,创造了"教学成果邀约会"这种形式,鼓励同行互相"邀课、邀讲座、邀研修",让教师的作品得到更好的传播与推介。

人生需要作品,因为那里有人生的目标与生命的旨趣。寻找到自己真正的热爱,并持久地投入,无论经历什么都不轻言放弃。研究者一生致力于某一项研究,听从于内心,专注而单纯。

在我们的组织传统中,实质忽略个体。在我们的个人传统中,实质缺乏合作。而一个有活力的团队,必然由每个有活力的个体构成。在我们团队的成长经验中,小富则安不为过,但兼济天下则需要一群人共同的理想、通力的合作与无私的奋斗。

第二节　教师活力团队机制

活力的源泉在于发现每个个体的价值,让每个个体的价值被看见、被尊重。研究所下属高中、初中、小学、幼儿园全学段 15 个学科团队,50 多个教师研修工作坊。研究所鼓励工作坊招募自己的会员,寻找志同道合的伙伴,支持自组织的伙伴,促进自运转的机制,鼓励自创造的实践,引导自传播的活动,形成了区教研活动、工作坊自主研修、跨校教研团队共研的活力机制与研修生态。

一、形成自驱动的活力团队

"若要火车跑得快，就要火车头带"这句话体现了团队管理中领衔人的核心引领价值，但却一定程度上忽略了每个团队成员的主观能动性。现代动车组原理给我们一个启示，由于动车组每一节车厢都自带发动机，这就意味着如果大家目标一致，自带发动机的动车车厢一起发力，那么与传统火车相比速度就会大大提升。

因此，团队的活力在于作为基础的个体活力的激发与碰撞。问题化学习研究中成长起来的教师活力团队，教师个体活力和团队活力的生成与持续机制具有自身的理论及实践价值，同时也为基于教师专业自觉的团队建设机制提供了鲜活样例。教师活力团队建设机制见图 8 - 2。

活力团队机制：作为基础的个体活力的激发与碰撞

自驱动的活力团队　　　　　　　**自驱动的动车理论**

支持自组织的伙伴
促进自运转的机制
鼓励自创造的实践
引导自传播的活动

全学段区域教师活力团队建设机制

图 8 - 2　教师活力团队建设机制

二、支持自组织的伙伴

为满足不同学段、不同学科教师在不同专题研究上的自主需求，在 2016 年问题化学习年会上，研究所尝试为品牌教师成立工作坊，鼓励坊主招募自己的会员，寻找志同道合的伙伴，自主招募的方式与机制极大地激发了教师的活力。我们在原有的学科团队基础上分别成立了小学语文（乐问悦写工作坊、问题化快乐识字工作坊、问之学工作坊）、小学数学工作坊（Magicmath 工作坊）、小学综合工作坊（问问大智慧工作坊）、小学科学工作坊（自然触碰工作坊）、初中数学工作坊(思扬工作坊)、初中语文工作坊(问津工作坊)、初中历史工作坊(知行人生工作坊)、初中科学工作坊(月光宝盒工作坊)等涉及不同学段不同学科的工作坊。短短几年,工作坊从原来的 10 个扩展到包含全学段、全学科、全地区的 52 个,工作坊不仅仅是品牌教师开展个人教学实践的舞台,也成为教师专业成长的助推器、伙伴自主研修的共同体。

三、促进自运转的机制

品牌教师工作坊机制有效建构了教育变革中教师自下而上的自觉研修机制。为"激活每个细胞,擦亮每个品牌",我们形成了跨学科、跨学段、跨地域的研修生态。为促进自运转的机制,研究所需要制定工作坊研修的规则、机制与平台,包括每学期确定基于单元的同侪备课、同侪教学与同侪研修机制,跨校备课组组长的确定、成员招募、导师聘请机制,精品课打磨、遴选与分享机制等。

促进团队的自运转,需要机制,包括必要的规则以及一定的权限。保持团队的自运转,需要保障,包括团队中稳定的核心骨干以及新鲜力量的涌入。

四、鼓励自创造的实践

课题引领,课堂实践,形成教师研修课程。根据教师实践性知识生产的逻辑,通过课堂把课题所想的做出来,通过总结把自己做的写出来,通过教师论坛把写的东西讲出来、把经验传播出去,通过教师研修课程的开发,让更多同行尝试去实践。研究所努力在每个学段与学科打造一两位领军人物,倡导品牌教师一年有一个研究突破,一年提供一节精彩课例,三年做个研究课题。支持工作坊一年一个专题研究,一年一次特邀分享,三年建个研修课程。鼓励学科团队,一年一个专题论坛,一年一次联合分享,三年写一本实践手册。

鼓励自创造的实践,需要促进团队中实践智慧的生成,包括内部的新知识产生与外部的传播链畅通。促进可持续的创造,需要尊重每个人的贡献,让每个人的价值被看见。

五、引导自传播的活动

每个工作坊在学科团队引领下,或独立、或联合其他工作坊举办一年一次较高品质的特邀分享研修活动,可以围绕近阶段的研究突破,以实践课堂为主结合其他活动形式,聘请专家高位引领、领域行家针对性指导,面向学科团队开放活动,邀请同行参与分享,通过"邀大咖、邀同行、邀远程伙伴""研讨问题、突破瓶颈、分享成果"形成良好的研修生态,条件成熟的工作坊还可以进行跨校远程研修。

引导自传播的活动,需要建立学术制度,如全国性的暑期研修与教育年会。提升自传播的品质,需要给予必要的支持,包括提供专家资源、学术平台、新闻及媒体传播媒介,使成果更好地得到推广。

六、一群人可以走得更远

《论语》中指出:"三人行,必有我师焉。择其善者而从之,其不善者而改之。"《学记》中指出:"独学而无友,则孤陋而寡闻。"独学无友,不能切磋,势必孤陋寡闻,学业难进。没有伙伴的相互分享与提醒,就难有真正的发展与成就。虽然一个人走得更快,但一群人可以走得更远。团队的价值在于解决一个人不能解决的问题,创造一个人不能创造的智慧。

《学记》主张"相观而善之谓摩"。在共同研讨前,个体必须经历独立学习的过程。"相观",静静地观察、琢磨学习对象;"善之",发现学习对象的长处、本质,再向他人学习。没有"相观""善之"的独立自主学习过程,合作难有成效。《学记》的这一主张,让我们明晰了自主是合作的前提,独立是合作的基础。因此,要使团队更有活力,需要明确每个人的责任、激发每个人的活力,并且看见每个人的价值。

《学记》中指出:"一年视离经辨志,三年视敬业乐群,五年视博习亲师,七年视论学取友……九年视知类通达。"这样看来,合群切磋以及正确选择朋友是古代教学的重要目标。因此,要使三个和尚在一起有水喝,就要破解团队管理中的难题。这就需要团队拥有共同的目标,相互依存地解决问题,各司其职又能协同分享。

总之,团队的价值在于用共同的信念彼此照耀、相互支撑,让成员前行的路上更有力量,就像红军长征的路上,走出雪山需要信念,更需要彼此搀扶、相互鼓励、共同成就。

第三节　教师研修课程体系

　　基于"教研修一体"的工作系统,把问题转化为课题,把课题研究的成果转化为教师研修的课程。根据课程研修的功能与范围,可以把教师网络研修课程分为所有教师可以共修的通识类课程、针对特定学科或特定主题的专题类课程、伴随性指导的小微类课程。

一、"教研修一体"建设

　　如果说"想—做—写—讲"是教师知识产生的加工路径,其机制应基于解决实践问题的"教研修一体"的工作系统(见图 8-3),即将教学问题转化为课题,然后围绕课题的突破形成实践成果,最后把实践成果转化为教师研修课程,从而促进教师专业成长,同时鼓励成长起来的优秀教师建立个人工作坊,支持他们依据自己的实践形成教学品牌,然后进行推广。

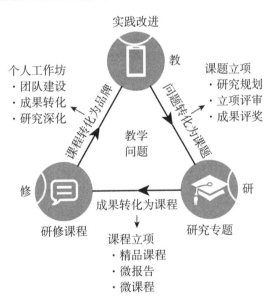

图 8-3　"教研修一体"的工作系统

我们鼓励教师将成果转化为教师研修共享课程。教师网络研修课程体系包括各科教师共修的核心课程（通识类课程）、专业课程（专题类课程）、随机课程（小微类课程），见图 8-4。

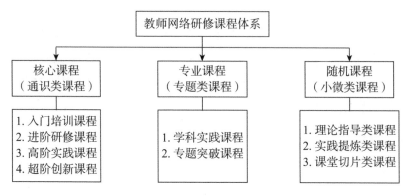

图 8-4　教师网络研修课程体系

二、通识类课程

通识类课程是进行成果推广的核心课程，共包括四个阶梯，即入门培训课程、进阶研修课程、高阶实践课程、超阶创新课程。

1. 入门培训课程

入门培训课程是指认识问题化学习的课堂并进行初步尝试。课程内容如下：第一步，初识问题化学习，具体包括"什么是问题化学习""了解问题化学习的研究之路"；第二步，了解问题化学习的课堂，具体包括"认识问题化学习的课堂""学会在课堂实施问题的发现与提出、问题的组织与聚焦、问题的演进与解决、成果的分享与总结"；第三步，学生提出自己的问题，具体包括"引导学生采用'五何'方法进行提问""鼓励学生敢于提出自己的问题""教会学生清楚地表达问题""引导学生理解倾听他人的问题""搜集、呈现学生的问题"；第四步，三位一体聚焦核心问题，具体包括"理解三位一体首要原理""理解什么是核心问题""摸到学生的真实问题""把握学科的重点问题""对接转化学生的问题""聚焦核心问题"；第五步，建构问题系统，优化学习，具体包括"理解什么是问题系统""学科学习中有哪些问题系统""通过提问梳理问题系统"；第六步，问题的解决与交流，具体包括"设计合适的学习活动解决问题""学习任务设计与学习单开发""学习活动的组织与分享汇报的规则"；第七步，建立安全的互学共同体，具体包括"建立学生独立思考、畅所欲言的课堂文化""建立学生常态提问、补充与质疑的课堂规则"。

最后,通过设计一份问题化学习的教案、实践一堂问题化学习的课,并提交教学反思来进行研修课程的评价与检验。

2. 进阶研修课程

进阶研修课程是指通过问题化学习改进自己的课堂教学。课程内容如下:第一步,学生提出有价值的问题,具体包括"了解问题的不同层次""判断学生的核心障碍""引导学生补充完善他人问题""指导学生提问的学科视角""引导学生关注有价值的问题";第二步,有效聚焦核心问题,具体包括"如何设计问题情境""学生合作确定核心问题""如何抓住主要矛盾统领课堂的主线索";第三步,孵育学生追问,具体包括"帮助学生养成追问的习惯""引导追问的学科视角";第四步,深度建构问题系统,具体包括"引导学生发现问题间的关系""师生通过追问建构问题系统""引导学生系统思考,自建问题系统";第五步,问题的解决与推进,具体包括"合作解决核心问题""基于任务类型设计匹配的合作活动""寻找学科的方法与路径""教师的课堂推拉技术""导向深度学习的评价";第六步,引导学生学会反思与调控,具体包括"反思自己的学习过程""归纳学习路径与方法""学会借鉴他人的学习路径与方法整合创新";第七步,建立平等的互学共同体,具体包括"建立常态合作小组""建立小组的评价规则"。

最后,基于课堂观察的指标与框架、进阶问题化学习的课堂,通过提交课堂录像与说课来进行研修课程的评价与检验。

3. 高阶实践课程

高阶实践课程是指通过问题化学习突破性提升自己课堂教学的品质。课程内容如下:第一步,落实问题化学习力与学科素养的双重目标融合建构,具体包括"问题化学习的能力目标、单元目标规划、课时目标统整";第二步,核心问题如何更激动人心,具体包括"核心问题如何对接学生的真实冲动与学科核心素养""核心问题如何基于真实任务让学习更有意义""如何提升核心问题的问题空间";第三步,引导学生追问深究质疑,具体包括"学科思维与追问支架""追问的十五种视角""引导学生多元追问""引导学生审辨追问";第四步,多元建构问题系统,具体包括"13 种问题系统建构的方式""学生建构个性化的问题系统";第五步,问题的解决与深化,具体包括"学生提问规划自己的学习进程""学生追问深化问题的解决""提升学科的方法与路径""打起课堂的思想乒乓球""导向自主学习的评价";第六步,学生学会自我规划与设计,具体包括"引导学生自主设计学习任务""引导学生自定学习步骤";第七步,建立自助的互学共同体,具体包括"合作小组的全时域学习""自建在线伴学共同体""指导与组织学生的小专题研究"。

最后,进行多次的课堂循证,提升问题化学习的课堂,通过提交课堂切片分析来进行研修课程的评价与检验。

4. 超阶创新课程

超阶创新课程是指教师创建具有个人独特风格的课堂。课程内容如下:第一步,培育面向未来的问题化学习者,具体包括"长远规划培育学生的问题化学习力""自建学科的问题化学习能力目标体系";第二步,创建自己的教学品牌,具体包括"提出自己的教学主张""自选主题与专家论证""确定主题形成规划";第三步,组建自己的活力团队;第四步,提炼自己的研究成果;第五步,开发自己的推广课程;第六步,形成互助的实验联盟。

最后,通过品牌教师个人专场展示、团队建设、个人著作等培育卓越教师。

三、专题类课程

与通识类课程不同,专题类课程是针对特定教师人群形成的专业类研修课程,包括学科实践课程和专题突破课程。

根据问题化学习的关键能力序列,该类课程主要包括"学会提问""学会追问""聚焦核心问题""建构问题系统""合作解决问题""自我设计学习"等。

围绕学科教学实践体系,形成各个学科的教师研修课程,如"小学语文问题化学习""初中语文问题化阅读""小学数学问题化学习""小学科学问题化学习"等。还可以根据学科实践的不同领域,形成专修课程,如"小学语文低中段问题化表达课程设计""问题化作文""基于问题化学习的语文复习专题开发"等。工作坊可自拟选题开发课程。

四、小微类课程

通识类课程与专题类课程是系统设计的教师研修课程,小微类课程是在实践中随机切入的微型课程，它的表现形态通常是"视频微课"。微课类型包括以下几种：(1)理论指导类课程，通过 5 分钟左右的微视频，深入浅出地介绍一些基本原理与实施要点，由研究所的专家与核心团队成员进行建设；(2)实践提炼类课程，通常是教师根据实践过程中的心得体会制作微视频，实验学校、学科团队、品牌教师、种子教师都可以参与建设；(3)课堂切片类课程，通过课堂录像切片分析还原课堂教学现场，进一步用数据循证的方式解码课堂。课堂切片也可以融入理论指导与实践提炼的微视频，让读者、听众有身临其境之感。小微类课程不仅可以用于实践成果提炼、教师研修、同行参考，也为专题研修课程的建设积累了素材。

第九章　建构成果推广体系

从广义的角度来看,成果推广体系包括成果的转化、深化与推广,也包括成果推广的体制框架与成果传播的机制建设,这些内容在"所校盟一体"的建设中已有所涉及。本章主要梳理问题化学习研究形成的三大成果体系,以更好地呈现成果内在的逻辑。

第一节　学会学习成果体系

学会学习成果系列是围绕问题化学习的关键能力形成的实践体系,包括学会提问、学会追问、聚焦核心问题、建构问题系统、合作解决问题、自我设计学习,从发现问题到解决问题,形成了自主学习的建构过程。每个成果相对独立,但又共同形成一个体系。

一、学会提问

学会提问对应的是问题的发现力,具体包括学生敢于提出自己的问题,能够提出有价值的问题,能够清晰表达问题,能够理解、倾听他人的问题。

成果共分八大部分:(1)鼓励学生自己发现问题;(2)帮助学生清晰表达自己的问题;(3)指引学生如何思考问题;(4)引导学生深入思考问题;(5)启发学生换个思路思考问题;(6)支持学生自己判断最重要的问题;(7)引导学生运用思维导图系统思考问题;(8)引导学生长久地关注一个问题。在每个部分,通过问者轶事、课堂内外、专家问答、提问宝典、家有"问娃"五项内容,为教师和家长提供引导方法和步骤。

学会提问是实践问题化学习的启航之路。相关成果既能指导中小学教师进行课堂突破,也能引导家长呵护孩子的好奇心,培育孩子的探索精神。

二、学会追问

学会追问是问题化学习者的成长必由之路。追问不仅是学习的深化，也是哲学的启蒙；不仅是对科学的探索，也是对自身的反省；不仅是对世界的发现，也是与自我的对话。经过长期的实践，我们认为，追问能力是可以培养的。追问作为问题化学习的关键一环，不仅是学生发展学科核心素养的基本方式，也是学生发现学习路径、实现自我教育的有效途径。

问题化学习研究团队不仅探讨追问的学习意义，也揭示追问发生的心理机制。团队梳理与归纳了 15 种追问的视角、13 种问题系统建构的方式，对标学科核心素养的实践路径，孵育了学生追问的具体策略，形成了涵盖中小学大部分学科教学的课堂案例。

成果共分两大部分：一是追问学习概论，包括"追问导论""追问的类型与视角""追问建构问题系统""孵育学生追问""追问的学习生态""追问的学习评价"；二是学科课堂实践，包括"语文课堂中的追问学习""数学课堂中的追问学习""科学课堂中的追问学习""史地课堂中的追问学习""艺术课堂中的追问学习"。问题化学习研究团队为教师提供了学科追问的具体视角、问题类型、课堂实施策略、典型实践课例。

学会追问是实践问题化学习的关键之路。相关成果能指导中小学教师进行课堂进阶，变教师追问为学生追问。

三、聚焦核心问题

核心问题的聚焦是三位一体的，即以学生的问题为起点、以学科的问题为基础、以教师的问题为引导，师生共同聚焦核心问题。在问题化学习的起始阶段，由教师在课堂中抛出预设的核心问题；在成长阶段，教师逐步引导学生自主判断核心问题。因此，在学习过程中具体表现为，学生能在教师引导下感知核心问题的聚焦过程，判断每节课中学科学习的重点与关键问题，初步学会归纳问题（把很多小问题归纳成一个大问题），进行探索时能找到最主要的问题或问题的关键。

成果共分六大部分：(1)什么是核心问题；(2)如何三位一体聚焦核心问题；

（3）核心问题如何激动人心，如何统筹自我系统、元认知系统、认知系统、知识系统四大系统聚焦核心问题，科学设计"任务情境、主要矛盾、问题空间、挑战愿望"；（4）如何对接转化学生的问题，如何基于学生的问题，对标学科问题聚焦核心问题，具体包括摸到学生的真问题、对接学生的问题、转化学生的问题、提升学生的问题、有效呈现核心问题；（5）聚焦核心问题的策略，具体包括"判断一下选重点、转化一下换视角、归纳一下做整合、更进一步做提升、拓展一下开天眼"；（6）如何解决核心问题。

聚焦核心问题是实践问题化学习的必由之路。相关成果强调三位一体的互动协商、核心问题的聚焦解决、问题系统的认知建构、知识系统与问题解决的融合互通，能指导中小学教师提升课堂教学的有效性。

四、建构问题系统

建构问题系统涉及问题的建构力，包括建构问题系统与完善问题系统，建构学科学习问题系统与跨学科学习问题系统。

成果共分六大部分：一是什么是问题系统；二是学会将问题分类，具体包括"将问题排个序，理解不同问题系统所代表的学习路径"；三是初步建构问题系统，具体包括"围绕一个主题，对问题进行分类，将相关问题形成问题集，同时围绕问题解决的过程，将相关问题形成问题链，学会从两个维度建构矩阵问题系统，思考子问题的关系，形成问题网等"；四是建构问题系统的丰富模式，具体包括三角问题系统图（体现对事物重点要素的思考）、太极问题系统图（体现对立统一辩证思想）、坐标问题系统图（从两个维度、四个象限的角度思考）、维恩问题系统图（分析两种事物的异同）、"维恩＋坐标"问题系统图（在两个维度、四个象限中分析比较事物的异同）、五行问题系统图（体现整体关系、系统思维）、螺旋式问题系统（体现否定之否定辩证思想）等；五是学科问题系统，让学生在学科特定任务类型中探索规律，学会阅读理解、写作构思、科学探究、评价历史人物、分析历史事件等问题系统建构路径等；六是跨学科建构问题系统，围绕跨学科的主题，多视域思考问题，建构问题域等。

建构问题系统是深入实践问题化学习的必由之路。相关成果能指导中小学教师提升课堂教学的有效性，使其通过问题系统连接起知识的系统掌握与思维的认知建构。

五、合作解决问题

"合作解决问题"是问题化学习研究团队开发的教师研修课程，也是指导中小学教师课堂教学改进的操作手册。

成果由什么是合作学习、合作发现与提出问题、合作建构问题系统、合作解决问题、合作分享成果、合作学习的课堂之外六大部分组成。问题化学习研究团队围绕"合作支持问题化学习"与"合作学习的理念、方法与技术"两条基本线索，结合丰富的课堂教学案例与教师培训实例，采用36种组间合作技术及跨组合作技术，匹配高中、初中、小学学段不同学科典型任务类型，通过问题导读、话题聚焦、专题讲座、资源链接、课堂实战、教师行动 Q&A 模块具体指导教师实践基于合作的课堂。

合作解决问题相关成果能指导中小学教师基于合作实施问题化学习，从而优化课堂生态，提升课堂品质。

六、自我设计学习

自我设计学习涉及问题化学习的设计力。它作为统领性关键能力，贯穿问题的发现、建构、解决、反思过程。

成果共分四大部分：(1)什么是自我设计学习；(2)设计学习任务，具体包括分析判断任务、理解学习意义、设计学习任务；(3)自定学习步骤，具体包括分解学习任务、确定学习步骤、预判学习困难、进行计划改进；(4)调控学习过程，具体包括评估与分析任务、主导学习进程、核查学习情况。

自我设计学习让教师明白教学的最终目的是引导学生学会自主学习，即引导学生通过设计、调控等元认知活动来主导自己的学习过程，让问题的发现、建构、解决、反思成为一种有意识的理性过程。

第二节　学科教学实践成果体系

为突破课堂中知识体系建构与学生问题探究难以兼顾的问题，问题化学习研究团队积极寻求学科知识逻辑与学生心理逻辑的有效沟通,历经 20 年的探索,形成了指向素养的全学科适用、全学段推广的特有的学习方式与教学实践体系。

一、学科教师的行动路径

《问题化学习教师行动手册》是问题化学习研究团队基于实践研究成果开发的指导中小学教师课堂教学改进的操作手册。2010 年出版的《问题化学习教师行动手册》被列入"国培计划"资源库首批推荐课程资源。2015 年修订的《问题化学习教师行动手册》(第二版)被《中国教师报》评为 2015 年度教师喜爱的100 本书之一,基于手册开发的课程被作为上海市"十二五""十三五"教师市级共享课程。

《问题化学习教师行动手册》共分六大部分:(1)认识问题化学习;(2)把目标转化为问题;(3)以学习为中心的问题化学习过程设计;(4)实践问题化学习的课堂;(5)建设问题化学习的课堂环境;(6)使用问题化学习的技术优化工具。问题化学习研究团队通过 17 个真实的教师研修活动情境,指导中小学教师在学科教学、课堂教学中实施问题化学习,从而实现基于学习方式改变的课堂转型。

从开展问题化学习研究的第一年始,我们就扎根学科教学,把进入各门学科学习作为实践起点,同时又以超越具体学科教学形成一种超学科学习能力作为实践目标。在探索学科教学规律同时发展学科课堂教学的过程中,学科教学团队付出了艰苦的努力。把握学科核心素养与学科基本问题,就是把握学科的基本要义;运用学科思维建构问题,就是用学科的思想解决学科的问题;基于学科学习方式解决问题,就是用学科的方式做学科的事。

二、不同学科的教学实践

语文课程问题化学习的过程,是学生在文本的解读、品鉴及创作中自主发现并提出问题,在追问中建构问题系统、解决问题的过程。它既是学生思维发展与提升的过程,也是语言建构与运用的过程,同时是提升学生审美鉴赏与创造力、实现文化传承和理解力培养的过程。问题化学习是学习者基于问题发现与解决的自建构过程,这个过程以问题为纽带,使语言建构、思维加工、审美体验、文化理解形成一个整体,从而促进学生个体言语经验的发展,为素养本位的语文学习提供了切实可行的实践道路。

数学教育的终极目标是引导学生用数学眼光观察世界、用数学思维思考世界、用数学语言表达世界。史宁中教授指出,所谓数学的眼光,本质就是数学抽象,抽象使得数学具有一般性;所谓数学的思维,本质就是逻辑推理,推理使得数学具有严谨性;所谓数学的语言,主要是数学模型,模型使得数学的应用具有广泛性。[①] 这些是数学学科的关键能力,贯穿数学问题解决的过程。数学学习本身就是一个发现问题与解决问题的过程,逻辑推理是基本的思维形式。

自然科学是研究自然界的物质形态、结构、性质和运动规律的科学。基础教育阶段的自然科学课程包括物理、化学、生物学,还包括小学和初中科学。技术是解决问题的方法及方法原理,是指人们利用现有事物形成新事物,或是改变现有事物功能、性能的方法。技术应具备明确的使用范围和被人认识的形式和载体,如原材料(输入)、产成品(输出)、工艺、工具、设备、设施、标准、规范、指标、计量方法等。技术与科学相比,技术更强调实用,而科学更强调研究;技术与艺术相比,技术更强调功能,而艺术更强调表达。基础教育阶段的技术课程包括劳动技术、信息技术、通用技术。

社会科学是研究人类社会种种现象的科学。在基础教育阶段,社会科学课程主要包括历史、地理、思想政治、道德与法治等。根据普通高中课程标准,历史学科的核心素养包括唯物史观、时空观念、史料实证、历史解释、家国情怀;地理学科的核心素养包括人地协调观、综合思维、区域认知、地理实践力;思想政治学科的核心素养包括政治认同、科学精神、法治意识、公共参与。

英语学科核心素养包括语言能力、文化意识、思维品质、学习能力。然而,教师在进行教材分析的过程中往往简单地将语言能力的发展理解为语言知识与技能的发展,忽略了学生思维品质与学习能力的培养。素养本位的英语教学,通过基于问题的自建构学习,促进学生自主发现并提出问题、聚焦核心问题、建构问题系统,从而提升学生的思维品质,促进学生的语言能力发展。

---

① 史宁中.高中数学课程标准修订中的关键问题[J].数学教育学报,2018(1):8-10.

艺术学科包括音乐、美术学科，也包括普通高中艺术学科，以及其他门类的艺术类课程。艺术学科的核心素养主要包括艺术感知、创意表达、审美情趣、文化理解。音乐学科的核心素养主要包括审美感知、艺术表现、文化理解。美术学科的核心素养主要包括图像识读、美术表现、审美判断、创意实践、文化理解。美是艺术的核心，蒋勋认为，美不仅是可以被感知的，更值得去思考。没有美，没有沉思，成就不了文明。问题化学习可以促进艺术感知的形成、审美情趣的提升，实现艺术表现与创意表达，升华文化理解，提升学生的艺术学科核心素养，最终实现艺术学科的育人目标。

体育与健康学科的核心素养主要包括运动能力、健康行为、体育品德。运动能力是体能、技战术能力和心理能力等在身体活动中的综合表现，是人类身体活动的基础。健康行为是增进身心健康和积极适应外部环境的综合表现，是提高健康意识、改善健康状况并逐渐形成健康文明生活方式的关键。体育品德是指在体育运动中应遵循的行为规范以及形成的价值追求和精神风貌，对维护社会规范、树立良好的社会风尚具有积极作用。上述三方面的学科核心素养联系密切、相互影响，在体育与健康教育过程中得以全面发展，并在解决复杂情境的实际问题过程中整体发挥作用。问题化学习让学生在运动过程中自主发现问题，解决问题，让学生喜爱运动，积极主动参与运动，成为具有健康品德的自主运动者。

综合课程中的问题，并不像特定的学科课程问题那样具有明显的背景性知识特征与学科教学目标倾向，它可能更为灵活。问题化学习力作为一种终身学习素养贯穿学科学习与跨学科学习，其关键能力包括问题的发现力、问题的建构力、问题的解决力、问题的反思力、问题化学习的设计力。就上位的中国学生发展核心素养而言，它在学会学习与问题解决方面形成了更为具体、便于实践、可以检测的能力体系。就下位的学科核心素养而言，它作为跨学科的通用素养贯穿各科学习，促进并落实学科核心素养，起到了承上启下的作用。

三、同一学科的多样实践

在同一学科中，鼓励多样态的实践，形成更丰富的实践成果。例如，语文学科的实践成果包括问题化阅读、问题化写作、基于问题化学习的读写链、基于问题化学习的语文任务群实施、问题化语文综合实践活动、问题化学习的整本书阅读等。

又例如,在科学课程领域,小学自然学科强调在自然触碰中探究,具体包括以下几方面:(1)自然观察,自主发现问题;(2)情境体验,聚焦核心问题;(3)思维碰撞,建构问题系统;(4)探究追问,深化问题解决;(5)感悟奇妙,交流学习成果。高中生物学教师通过探索境脉课堂实施问题化学习,在多年教学实践的基础上逐步融入课堂境脉设计,形成相关教学研究成果,包括原理概述、课堂行动、课程实践三个板块。其中,原理概述关注问题化学习的原理及境脉课堂的内涵;课堂行动从"学会在情境中提问,激发学习心境""学会聚焦核心问题,确立境脉中心""学会在情境中追问,初育核心素养""学会建构问题系统,形成学习脉络""学会合作解决问题,实现境脉融合""学会在境脉中反思,深化核心素养"六个方面,以观点和案例结合的形式指导教师基于课堂学习境脉实施问题化学习;课程视野从单元教学、课程生态、课程资源等视角进一步阐述和展望了问题化学习中境脉课堂的发展情况。

四、不同学段的差异实践

问题化学习在基础教育高中、初中、小学、幼儿园四个学段进行了推广实践。同一学科要实现学段贯通与差异实践,不仅需要尊重儿童身心发展的基本规律,也需要在广泛实践的基础上凝练经验。同一学科在不同学段差异实践的依据,一是发展心理学发现的儿童身心发展的普遍规律;二是学科或课程在不同学段的标准,它明确了不同年级教学需要达到的基本要求;三是问题化学习能力目标四级水平,虽然四级水平在同一学段也会螺旋式循环,但可以作为指导不同学段进行实践的依据之一,方便教师结合学科课程标准形成符合相应年级的具体要求。

第三节　学校发展成果体系

现代教育产生以来,学校逐渐作为教育重要的基本单位发生作用。就成果的推广与实验而言,问题化学习不应只是教师个体的行动实践,更需要在真实的学校系统实验,才能更好地彰显其育人价值。

一、问题化学习学校行动手册

《问题化学习学校行动手册》是《问题化学习教师行动手册》的姊妹篇,与后者的教师视角所不同的是,前者从学校管理和校长专业发展的角度全面系统地阐述了基于问题化学习的认识论和方法论,以学习为中心的全新学校管理模式、发展方式和校长专业发展路径、内容,是"问题化学习"系列丛书首部专门面向学校组织建设和管理者专业发展的成果著作。《问题化学习学校行动手册》紧密结合当前基础教育育人方式改革,聚焦立德树人根本任务的落实以及全面提升教育教学质量要求的贯彻,以问题为导向,以学习为中心,以全新视角阐释了学校五育融合的实现路径、行动方法,具有现实意义和借鉴价值。

成果具体内容如下:一是规划学校发展,包括"问题系统""深化改革"语境下的学校变革、学校发展规划的制定;二是保障德育实施,包括学校德育实施的问题系统、成就自教育的学生、建构学校德育体系;三是领导课程教学,包括课程教学的问题系统、建设自适应的课程、课程视野下的教学;四是引领教师成长,包括教师专业发展的问题系统、发展自驱动的教师、教师专业发展自我评估;五是提升组织效能,包括学校组织建设的问题系统、建构自迭代的组织、学校组织效能的自我评估;六是协调公共关系,包括公共关系协调的问题系统、聚焦多赢的教育合作,以及三位一体教育的实践。

二、学校课程 4.0

《走向学校课程 4.0》一书通过分析基础教育不同阶段学校课程体系所表现出的总体样态特征,阐述了应该基于怎样的理念和方法来一步步实现学校课程的持续进阶。它集中回答了如何让课程与课堂、课程与课程实现连接;如何让教师摆脱经验的方式实施课程,让学生建构个性化学程;如何看待并界定学校管理者、一线教师在课程建设、实施中承担的角色和义务;如何让学校的课程体系实现从碎片化、结构化、校本化到自生长的持续进阶;如何设计与实施面向未来的学校课程。成果具体内容如下。

课程体系 1.0 是指学校课程的"1＋X"阶段,"1"是指国家规定的基础型课程,"X"是指校本课程,即所谓的学校课程体系,由国家规定的基础型课程和学校自发开发、建设、实施的校本课程组成。在这个阶段,学校有了课程校本化的意识,校长有了课程领导的意识,但学校课程体系尚未真正做到校本化,学校课程只是做简单的量的累加,学校的课程行动未能成为教师群体的专业自觉,学校的课程实施也未能与新课改所提出的学生培养目标,特别是创新精神与实践能力培养这样的要求,建立起必然的联系,也就是说,对于学生、教师与学校的发展,并没有充分的依据来证明是学校课程领导、建设、实施的必然结果。

课程体系 2.0 是指学校课程的"1+@"阶段,"1"是指特定的学科课程,"@"是指具体指向的培养目标,即学校的课程体系建立在对学生培养目标的关注与关切基础上。

课程体系 3.0 是指学校课程的"X+@"阶段,"X"是指整个重构的学校课程体系,"@"是指指向的发展目标,即学校对政策要求、发展愿景、价值理念、理论基础、课程行动、发展方式等进行全面的分析、有机的整合、系统的设计,建设完全意义上的学校课程体系,并且把围绕课程体系重构的行动目标指向学生、教师与学校的同步发展,而不仅仅是育人目标。

课程体系 4.0 是指学校课程的"X+△"阶段,"X"是指学校的课程体系,"△"是指学生学习中的各种变量,即学校在课程体系 3.0 的基础上,依托各种技术手段,特别是智慧校园环境支持、大数据技术等,对学生的各类学习信息(如学习需求、学习障碍等)进行事实分析、系统整合,让学生一起参与学校课程的开发、实施、评价,一起参与学校课程体系的完善,从而让学校课程真正成为每个学生的发展通道,让学校真正实现自适应,从而为每个学生的发展奠基。

除此之外,学校发展成果体系还包括建设自驱动的教师队伍和发展自教育的学生,这些有待于进一步实践归纳形成系列成果。

名家录：问题化学习专家视点

本部分收录了国家教育咨询委员会委员、上海市教育委员会原副主任张民生，上海市教育学会会长、上海市教育委员会原副主任尹后庆，上海市教育学会副会长苏忱，上海市教育学会学习科学专业委员会原会长、上海市学习指导研究所原常务副所长徐崇文，华东师范大学终身教授祝智庭，上海市教育科学研究院原院长顾泠沅，对于问题化学习研究及团队的观察或点评。

名家视点：一个有生命的专业共同体

张民生

（国家教育咨询委员会委员、上海市教育委员会原副主任）

问题化学习研究团队以转变学生的学习方式为出发点，坚持研究和实践。他们以一份对教育改革的执着追求，感染并吸引了一大批不计名利的追随者，创建了一支以一线教师为主的教师活力团队。

王天蓉与她的富有活力的研究团队，以及他们所研究的问题化学习是富有中国特色的。这支队伍是伴随着上海市"二期课改"成长起来的。这项研究强调，学习应该以学生对问题的自主发现与提出为开端，在问题解决过程中，学习者通过持续地探索与追问，建构特定的问题系统。这一追问及问题系统建构的过程，就是学习者学习经验及智慧生成的过程。从这个意义上看，问题化学习就是从原来的知识接受性获得，转化为让学生亲身体验"知识的生成和建构"过程，而这正是今天课改倡导的新的学习方式的主要价值追求。而且，问题化学习有很大的包容性，可以融合多种新的学习方式，如自主学习、合作学习、探究学习等。

难能可贵的是，与问题化学习研究同步，成长了一支不可多得的研究和实践团队,这与研究本身具有同等的价值。这支充满活力的团队,有三句话令人印象深刻:(1)一个人可以走得更快,但一群人可以走得更远;(2)"激活每个细胞,擦亮每个品牌",团队的活力在于作为基础的个体活力的激发与碰撞;(3)成就每一个人,一个优秀的团队中"没有失败者"。问题化学习的研究与实践不仅改变了教师团队的教学行为,更坚定了教师团队对于教育理想的终身追求。教师个体活力和团队活力的生成与持续机制具有重大的理论及实践价值,也为基础教育研究成果的深化和推广提供了榜样。

活力团队建设也是教师成长模式的创新。任何一项教学改革要想取得成功,都离不开教师的参与和成长,而且同时要营造一种能充分交流、合作和分享的生态环境,即要形成一个有活力的专业共同体。问题化学习活力团队的成长是一个很好的榜样,它既有研究,更有实践;既以校为本,又跨校甚至跨区、跨省实践;不仅有领衔人,还有各个学科团队的主持人,以及更小规模的教师工作坊的"坊主"等;不仅有线下活动,还有线上活动。这是一个有生命的、全时域互动的专业共同体,且还在不断成长中。

持久的研究过程中,团队的教育精神是主要支柱,但也离不开宝山区区政府、区教育局、区教育学院以及兄弟学校的关心与支持,我们为他们对上海基础教育事业的发展所做的贡献表示衷心的感谢。最后,祝愿问题化学习研究团队坚持初心,勇于创新,立足基层,成事成人。

名家视点:教育改革实践与探索要关注教育中的基本问题

苏 忱

(上海市教育学会副会长)

在第三届中国基础教育教学优秀成果中,有一项成果值得高度关注和推荐,那就是上海市宝山区提供的问题化学习研究成果。这项教育改革实践与探索关注了教育中的基本问题。教育中的问题层出不穷,种类繁多,层次不一,都需要用科学的态度、求索的精神、扎实的工作去努力回应。但教育中还有一些基本问题,值得或更需要我们去长期探索,打攻坚战,努力破解。譬如,如何根据学生的成长规律,实现科学育人;如何培养学生良好的道德素养、个性品质,实现立德树人;如何实现德、智、体、美、劳五育融合发展;如何对学生进行科学的思维训练,培养创新型人才……我认为,问题化学习研究团队着重探索如何改变传统的教育教学方法和学习方式,激发学生学习的积极性,让学生对问题获得与解决保持浓烈的兴趣,让"教与学"为人的生涯成长提供学习方式和思维方法也属于这类基本问题。

在学生从自然人走向社会人的完整过程中,教育者需要处理好教育引导与学生自我发展之间的关系,也就是处理好教与学的关系。当然,每个时代、每个阶段解决的中心问题会有所不同。人类学习的本质就是为了发现与解决问题,这也是人认识世界最一般的形式。人类社会就是在不断地发现与解决问题中实现进步的,而每个独立的个体也是在不断地发现与解决问题中实现自我提升的。21 世纪初,本项成果的研究者观照现实,发现了当今教育中的一个基本问题,学校教学出于程式化知识传授的需要,一定程度上迷失了学习的本义,背离了知识产生的过程,教学难以融通学科逻辑与学生的心理逻辑。教学变革的实践瓶颈和难点是:学科知识体系建构要求结构化,学生学习认知却是断点式和碎片化的,在课堂有限的时间内,两者难以兼顾,教师为了确保教学任务的完成,往往过分关注学科教材的规定性,强调"教",却忽视了学生的真实认知,忽视了学生对学习中问题的把握与探究。于是,针对这一真实的问题产生了问题化学习的雏形:如何把碎片化的问题系统化,将断点式的知识结构化,使学习者学习有法、教育者教学得法,形成更有效率的教与学。同时,为了让学生真正成为学习的主人,问题化学习研究团队以学生的问题为起点、以学科的问题为基础、以教师的问题为引导,设计三维统筹模型,促使课堂中产生有效的学习问题。

应该着重指出的是,问题化学习不是国际 PBL 在中国的演绎转化,是为探索学与教的变革而走出的中国本土的教学改革实践探索范式。持续 20 年的教育改革实践与探索,取得了丰硕的成果。长周期的追踪观察结果,证明了实践与探索的成效是显著的。根据上海市教育委员会 2013 年、2018 年、2020 年三次绿色指标检测结果,参与实验的学生在对学校和教师的认同度、学习自信心和学习压力、睡眠时间、合作能力与主体精神等关键指标上明显高于平均水平。学生学业成绩优异,问题化学习母体校作为一所不挑选生源的公办学校,学业表现增值率地区第一。问题化学习研究团队还出版了十余部著作,用教育改革实践和理论归纳两类相辅相成的成果创建了具有中国本土特色的问题化学习新模式。

我想饱含真情地对众多的一线教师说一句话:只要是真的在投入教育改革实践与探索,只要是真的在研究真问题,只要是坚持用科学的方法逐步破解问题,终将收获教育教学的硕果。

名家视点:研究的冲动与坚定的信念

徐崇文

(上海市教育学会学习科学专业委员会原会长、上海市学习指导研究所原常务副所长)

王天蓉老师及其带领的研究团队具有研究的冲动与坚定的信念,是在不懈地追求教育理想。他们用了 20 年时间,在问题化学习方面积极探索,形成了很丰厚的研究成果。在很多人挡不住功利诱惑的今天,问题化学习研究团队对教育理想的执着追求和甘于寂寞的精神,是难能可贵的。这支富有战斗力的教师团队中,每个成员都是出色的研究者。伴随着研究成长起来的人才比研究中取得的成果更珍贵,这也是该课题研究最为成功之处。

王天蓉老师是我在教育心理名师后备培养基地的第二期学员,我们经常一起去讲课,算是“70 后”组合,她在 1970 年后出生,我是 70 岁的年龄。我最赞赏她的有三条。一是有研究的冲动。因为如果没有研究的冲动,把课题作为教育理想做一辈子研究是不可能的。做教育研究的人很重要的一点是要有兴奋点,有了一些有益的想法,便要和他人一起展开研究,研究的过程既是学习的过程,也是自己成长的过程。二是有团队意识。问题化学习研究团队是一个学习共同体,是一个充满活力的团队。出于研究的需要,团队的人走到一起,很自然也很纯粹。这既是他们的一种生活状态,更是他们的一种理想追求。大家都有共同的愿景,有自我突破的需要,这是最根本的!三是比较纯真。在基地学习时,王天蓉老师就非常关注学生的学习,突出学生的主体性。所谓教学,就是教学生学,教学生学会学,教学生享受学。对于教师研修,我一直强调问题启动、专题驱动、专业引领、合作互动,教育科研也要遵循这样的路径,先有问题再有研

究课题,没有真问题的研究是难以持续下去的。我们提倡,每位研究者都要有
自己的研究领域,要一直深挖下去。做教育科研时,也应如此,科研员有指导的
责任,但也不能做杂家,光给别人说自己不做也不行。希望每位研究者都没有
功利地、比较纯真地研究下去,最终有所成就。我祝福这个团队不断成长,取得
丰硕的成果!

名家视点:智慧学习与问题化学习者的智慧

祝智庭
(华东师范大学终身教授)

华东师范大学已故哲学家冯契教授在《智慧说》中进行了精辟的定义:智,
法用也;慧,明道也。天下智者莫出法用,天下慧根尽在道中。人类智慧不断生
长,永远不会枯竭。

教育者孜孜以求于智慧教育(Education for Wisdom),力图以最直接的方
式,用知识来铺垫智慧根基,即引导学生发现自己的智慧,协助他们发展自己的
智慧,指导他们应用自己的智慧,培养他们创造自己的智慧。然而,这种教育理
想和目标的实现,有一个重要前提,那就是这种最直接的方式——教学法,应该
也是智慧的,即通过"智慧的教"(Smart Teaching),实现"智慧的学"(Smart
Learning)。

所谓问题化学习者,在我看来,他在面对特定的学习任务时,应该能够自觉
启动元认知系统介入,综合高效地运用各种认知策略与方法,以自身对问题的
自主发现与解决为主线,实现知识的有效建构和智慧的持续发展。在此情境
下,学习是一种学习者与环境(任务)的交互,是一种能产生并发展高阶智力的
智慧行动,它体现为对事物认知的识以及对事物施为的能,并在这个过程中不
断地"转知成能""转识成智"。因此,从这个意义上来看,问题化学习是一种智
慧学习。

对于问题化学习研究团队——一群问题化学习者,我的感受可以用"四个
一"来描述,即一种模式、一个团队、一朵奇葩、一份期待。其一,问题是教育中
最宝贵的一种资源,因此,问题化学习应该是教育中值得追求的一种模式。其

二,宝山这样一个研究团队,是我非常钟爱的有活力的团队,这个团队有理想、有追求、有激情、有智慧,非常率真,可以说是宝山教育中的一朵奇葩。虽然工作很累,但他们很率真、很快乐,他们身上已经具备了一些领袖型教师(Leader Teacher)的特质,即能够在实践中很好地借鉴理论,并基于实践解决问题。其三,我还有一份期待,期待这个研究团队永远地存在下去,因为问题化学习确实可以研究一辈子,甚至更长的时间;期待这样的课题组持久地存在,不仅在宝山进一步推广,甚至辐射到更广的范围;期待通过进一步的培养,在这个研究团队中产生更多的高水平的领袖型教师。这是宝山的财富,让大家共同来珍惜!

名家视点:扎根的研究与对教育理想的终身追求

顾泠沅

(上海市教育科学研究院原院长)

我由衷地感叹问题化学习研究团队多年的扎根研究以及活力团队对教育理想的终身追求。该课题研究很好地展现了研究与教师队伍建设的同步发展,充分展现了课题与研究者的双赢,体现了"草根的研究、坦诚的合作、扎实的行动"。这里有很实际的经验、专业的功力,以及极其有效组织的团队,这些都是成功的关键。

我们目前的教育中存在一个重大问题,就是学生没有问题,学生没有问题恰恰是最大的问题。因此,问题化学习这个课题很有冲击力,这是我的第一点体会。

我的第二点体会是教师变了,很多教师在积极思考课堂上的做法,让学生提出问题,这就抓住了根本。问题化学习研究团队以学生的问题为起点、以学科的问题为基础、以教师的问题为引导,把问题化、序列化融合起来,这一点我非常欣赏。

我的第三点体会是该课题研究坚守了学校教育科研的实践取向。其一,宝山的研究者把研究分成五段来做,一段比一段深入。从教学设计开始,深入到学科,关注课堂形态变化,再研究学生的学习,最后到基于学校的实践,经过这么一个过程,聚焦了学校教学改革的真实问题和专业问题,进而进入到教育实践改革比较深层的领域。其二,在方法上,宝山的研究者以行动反思为主线,融入实证思辨,补充其他有益的方法,增强了这个课题研究在中小学实践的可行性,架起了理论研究与实践研究之间的桥梁。其三,这个课题研究的终极目标是学校教学质量的提升,具有上海市教育科研独特的价值和魅力。

我的第四点体会是团队的力量。这个团队中有专家,有校长,有年龄相仿的教师,大家融为一体,创造了一股新风。科研人员、教研人员、师训人员联合起来,有效沟通,增加了大家对这个课题理论创新的期望值。宝山的研究者提出了四个坚持,即坚持深入课堂、坚持深入学科、坚持问题导向、坚持实践检验。这四个坚持都是实践导向的。

最后,我想说,你们的这个梦想有无穷的力量。宝山的研究者有一句话说得漂亮——"总觉得探索还刚刚开始"。对于在行动中的每一处都能看到起点的人来说,其思维是最有碰撞冲击力的。

（根据 2012 年 10 月 25 日上海市普教科研 30 周年系列纪念活动"宝山区问题化学习课题研究展示会"点评录音整理）

▶ 第四部分

从一种学习到未来学习

在人工智能时代,我们需要加快研究"人是如何学习的"及"在未来,我们该怎么学"。在未来,重要的不是学得更多,而是经历更多样的学习,从一种学习走向未来多样态学习(包括问题化学习、项目化学习、游戏化学习、深度学习、跨学科学习、基于共同体学习),以及智能时代新样态学习(包括泛在学习、自适应学习、体验式学习、沉浸式学习),以实现更多样与个性化的学习。

第十章 "中国式 PBL"的建构

中国网教育频道在 2021 年讲述系列"中国教育故事"中报道了问题化学习"为基础教育的改革与发展提供了问题解决学习的中国方案"。在探索的道路上,我们需要回溯历史的长河去明辨方向,也需要借助广阔的视野认清自己,更需要有摸着石子过河的探索勇气。作为研究者,我们还需要通过科学的研究,在长期的循证实践中形成富有解释力的实践成果。

第一节 中国特色的研究建构

从一开始,我们就不是简单地把国际上基于问题的学习(Problem Based Learning,以下简称 PBL)运用到学科学习中去,而是在我国基础教育改革中,直面传统的学科教学方式,立足学科学习,经过本土的实践逐步生长出问题解决的中国方案,并在学科学习中获得广泛的适用性与成效。

一、两条中国经验

我们积累了具有本土创新价值的两条中国经验,即强调核心问题和问题系统在知识建构与问题解决中的双重意义,突破了 PBL 模式在学科课程中的实施困境,建立了具有鲜明特色的"中国式 PBL"。

其一,问题化学习中核心问题的来源、指向以及解决方式,决定了核心问题在定位问题性质、对标学科关键能力、包裹低阶学习中的功能与意义。以学生的问题为起点、以学科的问题为基础、以教师的问题为引导三位一体聚焦核心问题,使得学生、学科、教师之间的问题得到协商,最终聚焦需要班级学生共同解决的问题。在尊重学生提出的问题前提下,结合学科核心知识,通过教师的引导,对学生提出的问题进行对接、转化,使其对标学科学习中的关键问题,并成为统领整个学习活动的核心问题,学生在解决这个大问题的过程中获得相关的知识、能力与素养。

其二,问题化学习中问题系统的建构过程,既实现了知识体系建构,也实现了学习经验的结构化。学生通过系列小问题的解决,不仅掌握了相关的概念知识,融通了知识体系,而且也寻找到了解决大问题(核心问题)的路径,发展了问题解决的关键能力,形成了特定的心智模式,同时,追问建构问题系统的认知过程也是自我系统、元认知系统、学科思维协同发展的过程。

二、破解一个难题

由于赫尔巴特和杜威教学方法论的哲学基础不同,心理学原理也不同,因此很难找到一条融通之道。要破解这个课程教学世纪难题,融通学科知识体系建构与问题解决能力发展,可能需要在方法论上找到第三条道路。

问题化学习与通常的质疑学习及 PBL 模式不同,PBL 模式是结构不良的真实性问题解决,基本学习方式对应国内的研究性学习,难以应用于知识体系良好的学科课程。问题化学习是一种"基于问题系统优化的学习"。学习者提出问题后,在教师与同伴的帮助下自主建构问题系统,寻找学习路径,建构学科思维。

问题化学习在起步阶段从知识结构良好的学科学习开始实践,兼顾学生自主提问与知识整体建构。随着研究的发展,问题系统除了解决知识结构化的问题,也解决学科思维建构的问题。随着问题化学习在跨学科课程中的实施,问题系统一方面做到了与分科课程的知识链接,另一方面又发挥了解决真实问题的认知结构化功能。

三、建构"中国式 PBL"

与国际 PBL 相比,问题化学习在问题的范围与性质、问题的提出与聚焦、问题的解决过程等方面都不一样,结构要素也不相同,主张学习者自主提出问题、聚焦核心问题、持续探索追问、建构问题系统、合作解决问题,实现元认知、认知协同发展。问题化学习强调三位一体的互动协商、核心问题的聚焦解决、问题系统的认知建构、知识系统与问题解决的融合互通,从而破解 PBL 模式在学科课程中的实施困境,建立了具有鲜明特色的"中国式 PBL"。

问题化学习注重三位一体的互动协商,避免儿童中心的风险,在学习共同体的学习中保障学生获得学科的关键素养,从而在学科学习中获得广泛的适用性。问题化学习强调核心问题,强调在一堆"矛盾"中抓住"主要矛盾",或者在"一个矛盾"中抓住"矛盾的主要方面"。问题化学习强调问题系统的认知建构、知识系统与问题解决的融合互通,使教学以学生深度学习为目标,融通知识系统与问题解决,建构心智模式,实现学习迁移。所有的这些努力,实现了知识体系与问题解决能力的双重建构。

第二节　学习方式与方法论贡献

教育改革需要自上而下的科学设计,也需要自下而上的自觉改进,这样才能最终汇聚能量,使之变成一种持续的演变与进步的力量,从而实现教育的进步。由于国情不同,中国教育需要找到适合自己的发展道路,包括宏观的教育方针的制定,中观的课程教材、考试制度改革,微观的课堂教学。

一、问题化学习的理论意义

问题化学习何以回归人类学习的本质? 人类学习的本质就是自主发现并解决问题。为实现更完整的自建构过程,问题化学习不仅解决既定的问题,而且面向未来,注重问题的发现、问题的建构、问题的解决、问题的反思、问题化学习的设计。所以,问题化学习起于思维,但不止于思维。问题化学习不仅是认知的,还是元认知的,更是主体精神的培育。学生在"自主发现与提出问题、聚焦与解决核心问题、持续探索与自我追问、深度建构问题系统"中,投入基于问题系统优化的学习过程。这一过程是动机系统激发、元认知系统发展和认知系统优化协同作用的过程。三位一体的基本原理与问题系统化的过程,将学科的逻辑顺序与学生的心理顺序统一起来,形成"学习的认知逻辑"。

问题化学习何以建构问题解决的中国方案? 陶行知先生提出了"教学做合一"的教育思想。就问题化学习而言,"做"的核心就是"解决问题"。问题化学习坚持"教取决于学,学取决于做",提出三位一体聚焦核心问题、持续追问建构问题系统,基于"思中学",贯通"书中学"与"做中学",统筹知识体系与问题解决能力的双建构,这就是问题解决学习的现代方案。问题化学习是一种学习方式,但又不仅仅是一种学习方式,还提供了高于具体学习方式的方法论思考。

二、问题化学习的实践价值

问题化学习正是在教育发展历史的脉络中寻找一条科学理性的道路,通过本土建构,建立自己的叙述逻辑,在对学科中心、教师中心、儿童中心的历史反思中寻找到以学习为中心的道路,坚持学习者在解决问题的同时,兼顾知识的整体建构、有效迁移能力的逐步形成。因此,问题化学习不仅指向能力问题,也包括动力问题,是从基础动力到过程结果全方位的一种学习,难度很高。

同时,问题化学习秉持"发现、支持与成就不一样的学习者"的价值理念,使之成为每一个教育者的行动原点和行为准则;遵循三位一体首要原理,"以学生的问题为起点"成为教育教学行为的逻辑起点和方法指南;以培育"面向未来的终身学习者"为目标,"全面建设问题化学习者的生态社群"成为学校发展方式、学校育人方式、质量增长方式、师生教和学方式等变革的动力源泉和成功保障。

第十一章 从问题化学习到未来学习

哲人说,是孩子,他更新了我们对世界的感觉。也正是问题,尤其是孩子的问题,它更新了我们对世界的发现。所以,问题是通往未来世界的钥匙。在人工智能时代,我们需要加快研究"人是如何学习的"及"在未来,我们该怎么学"。在未来,重要的不是学得更多,而是经历更多样的学习。

第一节 问题化学习的未来实践

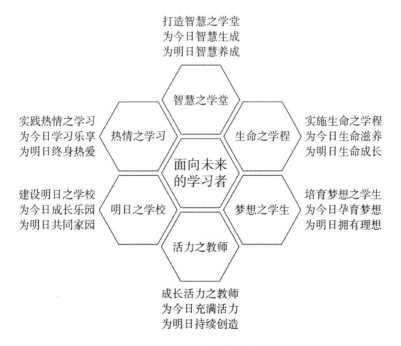

图 11.1 问题化学习的未来实践

一、热情之学习

问题化学习提出实现自建构的学习,在未来,学生的学习过程中,热爱比努力更重要,意义比结果更重要。教师在实现教学目标的同时,要帮助学生找到学习的内在意义。学习方式更加多元,泛在学习、隐性学习、正式和非正式学习的界线更为模糊,学生对在交往中学习、在共同体中学习更为渴望,对在社区社会中学习、在天地自然中学习更为眷恋。以问题化学习为基础,促进区域未来学习多样态形成;基于大数据的学习分析,记录学生的学习行为和路径,促成个性化的"量身"规划;建立指向未来基础学力的评估体系,引导学生充满热情地学习。

二、智慧之学堂

问题化学习的未来课堂将是思想活跃、情感充沛、蕴含智慧的学堂。利用人工智能、大数据、5G 等新一代信息技术,聚焦集团化办学,构建智慧同侪课堂。创建具有创新学习空间的未来学堂,让教室成为"学室";形成未来学堂的创建指南,搭建智慧学堂的人工智能评估平台,更好地进行全国应用、推广与辐射。

三、生命之学程

问题化学习提出建设自适应的课程,未来课程将进一步成为自主规划、施展才能、生命成长的学程。试点"无级变速"的弹性课程,倡导有弹性的学习时间、知行合一的学习过程、可选择的学习内容和学习方式。致力于实现发现、支持与成就不一样的学习者。

四、梦想之学生

问题化学习提出成就自教育的学生,未来学校旨在培育回归野性、热爱学习、拥有梦想的学生。持续开展学生好问题活动,包括学科好问题、探究好问题、生活好问题,让好问题成为激发学生创新思维的驱动引擎,也成为启动学生人生梦想的航站楼。

五、活力之教师

问题化学习提出发展自驱动的教师,未来教师将成为充满活力、乐于合作、富有创造的学习联盟。问题化学习在 20 年研究过程中形成了具有全国影响力的教师活力团队,创建了跨学科、跨学段、跨地域的研修方式。我们将组建辐射全国的"未来教师云工作坊",发展越来越多的活力团队,让全国的问题化学习的未来教师成为活力联盟。

六、明日之学校

实施联盟式集团化办学,以成果转化和研究深化为建设主线,以"问题化学习＋"为实施方略,以问题化学习母体实验校为引领,以"所校盟一体"为机制保障,以"发现、支持与成就不一样的学习者"为共同的教育追求,以"以学习为中心"为共同的行动基石,通过"问题化学习＋"赋能联盟学校发展,实现整个教育集团理念共通、规则共建、行动共进、资源共享、知识共生。

第二节　学习的本来与未来发展

从词源学、个体认识过程、学习共同体视角探讨学习的本质,有助于我们基于学习的规律把握未来学习的发展,基于学习的本原认识未来学习的特征。

一、认识学习的本质

在古文中,"学"和"习"两个字有其特定的含义。许慎在《说文解字》中称,"学"字原本写作"斅",篆文中省去了"攴",意思是"觉悟","学"是一个由不知到知的过程,是一个自觉的过程。"习"(習)字在甲骨文中由上下两部分组成,上半部分为"羽"的象形符号,下半部分为鸟巢的象形符号,表示鸟在巢里振翅欲飞。《说文解字》中把"习"解释为"数飞也",意思是小鸟反复试飞。

《礼记·月令》中把"学"和"习"组合成一个词,"鹰乃学习",意思是每到夏季,雏鹰开始学习飞翔。《论语》中"学而时习之"强调知识的学习需要自觉,需要不断实践。通过对"学习"一词的分析,我们可以看到,学习在本原上特别强调人的能动性与实践性。然而,随着学校教育的兴起,学习行为在很大程度上背离了本原,甚至变成了一种被动的行为。未来学习需要回归学习的本质。未来学习是一种主动的学习而非被动的学习,是一种注重联系实际的学习。

学习作为个体的认识过程,既包含个体对外部世界的发现与探索,也包含个体精神世界的自我觉醒。向外的寻求是为了认识自然世界并进行实践创造,向内的反省是为了检讨自己品德与修养存在的不足之处。因此,学习的内涵可以理解为知识上的向外寻求与灵魂上的向内反省。理解学习的内涵既有助于个体认识客观世界,又有助于个体完善人格。

人类学习的本质是发现问题与解决问题。为了真正回归学习的本质,我们需要深刻理解"人是如何学习的"。德国哲学家伽达默尔指出,我们可以将每个陈述都当作对某个问题的反应或回答,而要理解这个陈述,唯一的办法就是抓住这个陈述所要回答的那个问题。这句话几乎阐释了学习的本质。人类学习的本质就是在对问题的主动求索中,认识自然、发现自我、改造社会。因此,学习就是回归对问题的探求,在问题解决中增长知识,转识成智,发展技能,适应变化,持续发展理性的精神,不断获取精神的力量。

学习共同体是学习科学的关键词之一。倡导学习共同体理念的日本学者佐藤学认为,学习是对话与修炼的过程,学习是学习者通过与事物的对话、与他人的对话、与自身的对话,建构客观世界之意义的认知性实践,建构伙伴关系的社会性实践,以及探索自身模式的伦理性实践。由此可见,学习也是一种社会协商的过程。

从人类学习能力进化史角度分析,人天生就有内隐学习的基因。20 世纪60 年代,里伯(Reber)发表了《人工语法的内隐学习》这篇文章,从不同角度证实了内隐学习及内隐知识的存在性、广泛性、有效性、相对独立性,涉及情感、认知、技能等领域。内隐学习的研究对认知学习理论中以理性思维为中心的外显学习理论既是挑战,又是必要的补充,为人们提供了新的视角去理解学习的本质。

具身认知理论是建构主义学习理论的分支,强调亲身参与和实践体验。该理论认为,认知是身体与环境相互作用的结果,是认知结构发生改变的前提,内隐学习包含具身认知的灵魂。因此,几乎无意识的内隐学习,无疑是轻松而快乐的,然而,目前我们的学校教育恰恰与此背道而驰,甚至在扼杀学生的内隐学习,同时也在扼杀学生的学习兴趣、动机和本能。

学习天然是快乐的,孩子天生爱学习。教育就是与人的天性合作,教师要善用好奇心,宽容好玩心,激发好胜心。三心汇聚,学习就会快乐,教育就会轻松。

二、未来学习的特征

从学习目的来看,未来学习体现了人对美好生活的向往,而面向未来最核心的学习素养是面对不确定具有主动适应性能力。

未来社会将受到"互联网＋"和 AI 技术体系的深刻影响,学校教育也会在数字化和"互联网＋"思维下逐步发生深刻变革。未来学习的主要特征如下:

(1)学习时间变革——未来学习重组课时,突破时限;

(2)学习空间变革——未来学习空间呈开放性布局;

(3)学习内容变革——学习内容逐渐连接生活并走向整合设计;

(4)学习方式变革——学习方式多元化、个性化,凸显终身学习和由学生驱动的学习;

(5)学习组织变革——学习组织形态走向支持个性发展的灵活样态;

(6)学习供给变革——学习资源逐渐跨界,呈开放性供给模式;

(7)学习管理变革——学习管理走向开放治理与协同共治。

第十二章　数字时代的未来学习

回顾人类学习的进化历史,大致分为自然学习、经典学习、现代学习三个阶段。自然学习阶段,人类学会了直立行走,学会了用火,学会了制造和使用工具,也掌握了语言能力。经典学习阶段,以符号和文字的发明为标志,文字的产生推动人类发明了教育活动。随着信息技术快速发展,知识极大丰富,经典学习进化为现代学习。在自然学习、经典学习、现代学习三个阶段,学习都是塑造人的大脑的过程,同时也是塑造人与人之间关系的过程。但是随着人工智能技术的普遍使用,特别是脑机接口技术的突破,人类将要进入一个全新的阶段——超级学习阶段,这个阶段的学习将突破人脑的自然极限,使学习进入人脑和电脑混合发展的阶段。

——倪闽景:《学习的进化》2022 年 6 月

第一节　数字时代的教育形态

随着以大数据、物联网、区块链、数字孪生、人工智能等为代表的新一代数字智能技术的发展,人类社会正在加速迈向智能化,数字技术将对教育产生根本性的影响。新一轮科技革命和产业变革加速发展,数字经济正在引发第三次全球化浪潮。宏观上,我们正在经历的不是局部的、单一的变化,而可能是物理世界、人类社会、信息空间的整体性变革与重构。

一、数字时代的特征

自党的十八大以来,党中央提出了建设数字中国、发展数字经济等战略,围绕教育强国、教育现代化、教育高质量发展等作出了一系列的政策部署。特别是在 2022 年 2 月,《教育部 2022 年工作要点》明确提出开展教育数字化战略行动；党的二十大报告强调了"推进教育数字化，建设全民终身学习的学习型社会、学习型大国"。可见，数字教育的发展是数字中国的重要组成部分，推动数字技术与传统教育的融合发展，让技术更好地赋能教育，服务于育人的本质，成为未来数字教育发展的重要方向。

日新月异的数字技术，越来越成为促使人类社会思维方式、组织架构、运作模式发生根本性变革和全方位重塑的引领力量。随着智能技术对教育影响的不断深化，学习者的学习方式也正在逐渐适应智能时代发展的新诉求。自适应、个性化等学习新形态正在发展。未来的学校将会是注重个性、尊重学生发展的智慧孵化基地。数字教育需要建设高质量、个性化的终身学习体系，不仅需要学校努力发掘学生的潜质，激发学生的兴趣，因材施教，还需要在家、校、社全时域融合的数字生态中重新建立业务的逻辑。

二、数字教育形态未来的发展

2023 年 5 月，习近平总书记在中共中央政治局学习时强调，加快建设教育强国，为中华民族伟大复兴提供有力支撑。教育数字化是我国开辟教育发展新赛道和塑造教育发展新优势的重要突破口。进一步推进数字教育，能够为个性化学习、终身学习、教育现代化和扩大优质教育资源覆盖面提供有效支撑。

数字教育新形态是指利用信息技术对教育进行现代化改造和功能提升，通过全面推动教育数字化转型和数字教育形态研究，更新教育理念，变革教育模式，提升治理水平，破解教育改革和发展的热点、难点问题，支撑构建更加公平、更有质量的终身教育体系。数字教育正在引发一场教育革命，营造新的教育生态。

我国教育改革面临的挑战主要包括以下几方面。一是构建高质量教育体系迫切需要通过数字教育形态研究予以突破。数字教育形态研究为落实创新驱动发展、建设数字中国、建设教育强国等国家战略创造了条件。二是新一代技术全方位应用不平衡、不充分。数字教育形态研究将驱动教育组织从网络、平台、资源、服务等方面对教育生态进行重组与再造，支持教育形态升级与创新发展。三是教育主体新需求推动教育形态研究。教育主体多元化需求推动教育形态研究，催化教育环境、教育模式、教育流程、教育评价等的创新与变革，促进教育系统的内生发展。四是数字教育的形态认识和理念有待进一步深化。

第二节　数字教育下的未来学习

2022 年,问题化学习研究成果获得了国家级教学成果一等奖。基于问题化学习在学习领域 20 年的实践积累,在上海市宝山区教育数字化转型背景下,2023 年 6 月,由上海市教育委员会与上海市宝山区政府共建成立"上海市未来学习研究与发展中心",以学习科学研究为基础,以教育数字化转型为重点,为全市未来学习样态与学习发展提供方向性研究成果。今天,我们从问题化学习研究拓展到未来学习研究与发展,就是在数字教育下基于问题化学习的底层逻辑思考未来学习多样态、未来课堂新结构、未来课程新形态、未来环境新生态、未来评价新模式、未来教师新素养、未来学校新图景。为此,在上海市宝山区教育局张治局长的带领下,我们共同研制了"未来学习研究指南"。以下,摘录部分研究成果作为问题化学习研究的未来前瞻,同时也作为数字教育下未来学习的实践图景进行探索。

一、未来学习多样态

问题化学习是本土建构的关于问题解决的理论与实践,在国际交流中,翻译为 Problem-Systematized-Learning,英文缩写为 PSL,强调问题系统建构的过程,重点不在于通过教师来设计质量优良的教学问题,而在于发展学生在情境中自主发现并提出问题、聚焦核心问题、持续探索追问、形成问题系统、独立及合作解决问题的自我建构学习能力。

在问题解决领域,国际上比较认可的还包括基于问题的学习、基于项目的学习。基于项目的学习是以学科的概念和原理为中心,以问题为导向,以项目为基础,以制作作品或形成产品为目的,在真实世界中借助多种资源开展的一种探究性学习模式。上海市教育科学研究院夏雪梅博士开展了项目化学习的研究,她提出,项目化学习是指学生在一段时间内,通过对真实且有挑战性的问题进行持续探究,创造性地解决问题,形成公开成果,达到对核心知识的再建构与思维迁移。

在当下,人类逐渐迈进人工智能时代,需要加快研究"人是怎么学习的"及"在未来,我们该怎么学"。在未来,重要的不是学得更多,而是经历更多样的学习。

焦点一:个性化学习

"每个人的学习就像他的指纹一样独特"。未来学习需要从大一统模式走向支持每个学生的充分发展。个性化学习强调满足学生的学习需求,真正实现以学生为中心,帮助学生自主安排学习进度,自主选择学习路径与学习方法,以促进学生养成终身学习的习惯。为促进学生个性化发展,其内涵主要体现在三个层次:(1)基于学生差异的个性化学习;(2)基于不同情境的个性化学习;(3)适应个性化发展的柔性教育体系。

焦点二:游戏化学习

游戏化学习是指用游戏的思维来组织学习,增加学习者的兴趣,提高学习者的学习成效的学习方式。游戏化学习主要涉及两类元素:一是规则元素,包括快速反馈、徽章和目标、参与和渐进式挑战;二是情感元素,包括叙事和身份、合作与竞争。

焦点三:深度学习

深度学习是一种主动的、高投入的、理解的、涉及高阶思维并且学习结果迁移性强的学习状态和学习过程,体现为知识建构上的充分广度、充分深度与充分关联度。

焦点四:跨学科学习

跨学科学习并不是学科学习的简单叠加,而是基于主题或情境,引导学生综合运用多种学科的知识,提升自身探究和解决实际问题的能力,帮助学生发展创新精神与实践能力。

焦点五:基于共同体学习

除了个体认知建构维度,学习还有一个重要的维度——互动维度,后者强调学习是一种社会协商的过程。因此,合作学习、伙伴学习、基于学习共同体的探索,不仅是学习研究,也是教学改革的重要实践领域。

焦点六:智能时代新样态

智能时代新样态包括以下几方面。一是泛在学习(U-Learning)。顾名思义,泛在学习是指每时每刻的沟通,无处不在的学习,是一种任何人可以在任何地方、任何时刻、使用手边可以取得的科技工具来进行学习活动的 4A(Anyone、Anytime、Anywhere、Anydevice)学习。二是自适应学习。自适应学习是指根据学习目标和学生的程度,动态确定最优学习路径,以实现每个学生的高质量学习,促进学生快速提升。三是体验式学习。体验式学习是指学习者以直接经验来建构意义,把经验作为掌握知识和技能的基础。国外有研究者将其主要内容概括为:具体经验、反思性观察、抽象概念化、积极的实验。四是沉浸式学习。沉浸式学习是指基于具身认知的沉浸式学习,是当前智能时代背景下的新型学习形态,它打破了传统教学只关注学习者心智而忽视其身体作用的藩篱,主张充分考虑学习者的身体感知、情境体验在学习过程中的作用,强调学习时的"身体在场"与学习的具身化体验,从而促进学习者身体、情感和心智的整体发展。

火爆全球的 ChatGPT(Chat Generative Pre-trained Transformer)预示着人工智能时代学习面临的巨大变革,同时也深刻地印证了人类学习的本质就是发现问题与解决问题。如果机器人能够帮助我们解决已有相关知识的问题,那么有新的发现与不竭的创造才是人类得以幸存的支柱,重新认识学习的本质才能让人类更好地面向未来。

二、未来课堂新结构

趋势一:突破教室边界

未来课堂,学习在哪里发生,教室就在哪里,而且要从侧重教师教的"教室"走向体现学生学的"学室"。突破教室边界,包括基于数字化技术实现教室物理空间的无限延展,实现虚实融合,实现生活世界与科学世界的互融互通,实现真实世界与虚拟世界的数字孪生。突破教室边界,包括走向天地自然,无论是在城市还是在乡村,都要找回丢失的自然,走向青山绿水、城市绿地,走向美丽田园、生活劳动。突破教室边界,包括走向社区社会,文化场馆、社区里弄都是学习的重要场所。

就如陶行知先生倡导的"生活即教育,社会即学校,教学做合一",让学习全时域发生、全场域发生。教育回归学生的身心健康,拓宽学生的生活视野,扩大学生的活动半径,实现学生的生命成长。

趋势二：重建课堂互动

就课堂而言，从学习当事人的视角出发，课堂体现的不再是教师与学生之间的关系，而是学生自己、同伴、教师三者之间的互动关系。

课堂互动是指在课堂教学情境中，教师和学生之间、学生和学生之间发生的相互作用与影响，能够促进师生心理或行为的改变。根据互动主体的不同，可以分为师生互动、生生互动；根据互动内容的差异，可以分为认知互动、情感互动、行为互动；从意识性角度出发，可以归纳为内隐互动、外显互动；根据互动组织方式的不同，可以分为个体与个体互动、个体与群体互动、群体与群体互动等。信息通信技术、云技术、物联网技术、虚拟现实技术、人工智能时代等新兴技术的发展使课堂形态发生了变化，也改变了人们的交互方式，拓展了互动范围，如跨班、跨校、跨地区互动。从课堂研究的角度来看，技术还可以便捷记录互动频次和互动深度。尤其值得关注的是，ChatGPT 的出现更是给人机互动带来了深刻变革，虽然用于教学还需要谨慎评估，但数字化时代为多元互动形式、学生自主互动、虚拟现实互动等提供了更多的可能。

趋势三：混合式，线上线下融合

混合式线上线下融合是教育技术领域研究的热点问题，它提倡将面对面教学与其他学习方式，如移动学习、泛在学习、网络在线学习等相融合，使课堂面对面教学与虚拟现实教学优势互补。混合式线上线下融合主张学生利用网络自主学习相关内容，围绕在线学习中遇到的问题，师生进行面对面的交流与互动、讨论与解疑；主张采用探究式学习的方式，强调教师要参与学生的学习活动，及时进行鼓励、指导并提供学习支持。

趋势四：多种活动并存

同一课堂支持多种活动，教室具备多个学习功能区域，包括创造区、探究区、展示区、交互区、合作区、发展区。每个学习区都有所侧重，分别支持不同的教与学的方式，并提供配套的学习资源和技术工具。其中，创造区重点关注学生的创造能力，引导学生利用信息技术来开展策划、设计、创作活动，在真实的知识建构活动中进行学习；探究区重点关注学生的批判性思维和问题解决能力，引导他们在与外部世界的连接中开展跨学科的项目式学习，鼓励学生成为发现者；展示区重点关注学生的分享与交流能力，引导学生运用一系列工具和技能进行展示,包括面对面的讲演或网络平台上的在线展示;交互区重点关注学生的主动学习能力,利用交互式电子设备帮助学生深度参与学习,鼓励学生从旁观者变为主动参与者;合作区重点关注学生的合作能力,让学生通过小组合作、在线合作、头脑风暴等方式来开展高质量的协作学习;发展区重点关注学生的反思能力,引导学生在非正式学习过程中成为真正的终身学习者,提高学生的自我反思和元认知能力。

趋势五:跨级混龄教学

混龄班是学校教育创新的重要策略,突破年龄限制,能够根据学生学习自主性、需求、兴趣、能力等灵活组队,让每个学生获取最丰富的课程支持与学习体验,是支持差异化学习的新样态。不同于教育资源缺失时期的复式教学,跨级混龄教学突破固定学习年限、学习空间的限制,学习者可以进行自定节奏教育、轴心翻转、使命性学习等设计。

三、未来课程新形态

趋势一:跨学科课程

跨学科课程强调通过不同学科的交叉融合,将不同学科围绕同一个主题联系起来,形成跨学科课程,弥补分科教学的不足。跨学科学习需要坚实的学科基础,没有学科就没有跨学科,两者相辅相成、互为依存。跨学科课程通过主题式教学设计,面向真实问题重组教学内容,采用主动的、探究式的、理解性的学习方式,充分发挥学生的信息化应用能力,培养学生应对复杂情境和解决真实问题的能力。

趋势二:个性化课程

个性化课程尊重学生的差异性,通过构建分层分类的学校课程体系,为不同基础的学生提供多种学习方式。学生既可以按照自己的需要,选择适合自己的课程,又可以选择合适的时间去学习,使自己的学习达到最优化。这真正实现了"一人一张课程表"。

趋势三:数字化课程

数字化课程包括数字化教材、基于数字化教材的课程服务支撑平台、线下线上融合的课程实施、数字化的教学评价等。互联网时代的教材呈现形式从纸质版走向电子版,从单向的知识呈现、学生自己获取知识转变成多维知识图谱,并且学生可以与教材互动,教材可以提供反馈,人机交互、人与内容交互的形式更加丰富,使学习变得更具有交互性。

趋势四:回归自然的课程

未来课程也是融入自然、与自然相通的课程。针对现代科技文明造成人类这一"自然之子"疏离自然的现实,回归自然的课程要求未来课程回归天地自然之间,充分发掘"自然"才有的育人价值,把"自然智慧"也变成教育智慧的一部分。比较典型的是森林课程,也可以理解为"户外自然课",它是以游戏为基础,以大自然为中心,通过在森林中进行实践活动,培养学生自信勇敢、合作精神与生存能力的课程。

趋势五:众筹的学校课程

未来学习倡导把学科学习与社会实践、社区服务、研学旅行等结合起来,构建全社会共同参与的教育生态,同时也建立学校与外部社会的协同机制,形成校内外相互沟通、资源高度共享、流程无缝衔接的课程生态。一方面,学校课程难以满足学生个性化发展的需求;另一方面,仅是学校教师也难以承担丰富的课程建设任务,需要家校共育、社会协同,形成学校课程众筹的建设机制。同时,共建数字孪生学校,可以实现跨越学校围墙的课程共享机制与区域课程管理。

四、未来环境新生态

趋势一:从为集体授课而建转向为个性化学习而建

未来课堂尊重不同学生在品性风格、思维方式、学习基础、接受程度等方面的差异,并能接受由这些差异导致的学习路径和学习效果的参差不齐。在信息技术与教育教学深度融合的基础上,利用大数据、物联网、学习分析、虚拟现实等先进技术,创建能够支持学生广泛协作、促进学生个性化学习的网络学习环境,通过收集学习过程中的丰富数据,精准分析学生的学习需求,为每个学生提供量身定制的学习支持。

趋势二:从封闭空间转换为开放空间

学生学习方式的变革使得未来学习突破了学校与教室的束缚,无边界的学习使得"学校—家庭—社会"融为一体,陶行知提出的"生活即教育,社会即学校,教学做合一"为课堂的外部场域变化提供了理论基础。社区、街道等是社会实践学习最好的场所,博物馆、美术馆等是具身学习最好的场地,实验机构、科学场馆等是创客学习、项目式学习最好的基地。未来科技为无处不在的课堂提供了技术支持:一方面,高速网络联系了处于不同时空的学校、家庭、社区等场所,保证了学生在不同时空的学习连贯畅通;另一方面,技术手段能够挖掘出不同空间的学习资源或者提高资源的可利用性。

趋势三:从固定功能转换为灵活功能

未来学习需要构建多区域、真正多功能的学习教室,以互动为核心,建构一种服务和支持课堂教学主体发展的和自由的、各构成要素和谐共存的教与学的环境。一是考虑空间环境与教学法的契合,不同的教学法对学习空间有不同的要求,空间设计要保持足够的灵活性,利用隔墙促进不同空间的灵活转化,配备可移动、易于变换的桌椅设施,支持教师开展更加多元的教学活动。二是打破固定功能的设计思维,促进学习区、活动区、休息区等空间资源的相互转化,把图书馆、校园角落、体育场馆等打造成多功能的非正式学习区,营造更具亲和力的学习场景,给学生提供丰富的学习体验。

趋势四:智能化学习空间

早在 2013 年,有研究者就预测未来的教室能够读懂人,教育环境能够感知师生的需求,判断学生的特征,实现个性化的指导等。从教育教学的角度来看,智能化学习空间是以人为中心的适应性信息系统工程。美国科学和技术研究院将智能空间的核心特点概括为以下几点:(1)能识别和感知用户及他们的动作和目的,理解和预测用户在完成任务过程中的需要;(2)用户能方便地与各种信息源进行交互;(3)用户携带的移动设备可以无缝地与智能空间的基础设施交互;(4)提供多媒体化、丰富的信息显示,能够促进对现实信息的获取;(5)提供对发生在智能空间中的经历的记录,以便在以后进行分析;(6)支持空间中多人的协同工作及与远程用户沉浸式的协同工作。

趋势五:沉浸式学科教室

沉浸式学科教室让教室成为某些学科开展教学和学习活动的特有空间。如生物学科教室可以设置专门的橱窗,里面摆放大量的植物和动物标本以及人体结构的实物模具,地理学科教室的橱窗中则可以摆放岩石标本或与地理学科相关的期刊或书籍。教室墙壁等场所,尽可能布置与学习内容相关的元素,从而营造出沉浸式学习的氛围。教室墙壁等也可以尽可能地摆放学生的作品,即使一些作品并不成熟,教师也应大大方方地将之呈现,让教室更好地成为学生学习成果的展示平台。

趋势六:人性化学习环境

未来课堂的设计应处处体现对师生的人性关怀。未来的教室空间不应单纯是学生学习知识和养成能力的场所,还应是学生身心健康成长和成人成才的领地。未来教室空间应将绿色、环保理念融入其中,让教室本身成为一种教学资源。具身认知学习空间下教学的新特质包括教学目标的生成性、学习内容的情境性、教学生态的和谐性、学习环境的智能化,可以在此基础上从物理空间设计、信息空间设计、心理空间设计三个角度探讨实现未来具身化学习空间的设计策略。

趋势七:积极型学习空间

积极型学习空间更关注学习空间对学生积极学习的影响,包括提高学业成绩、提高课堂参与度、增强课堂互动、激发学习兴趣和动机、促进合作学习、创造良好学习体验等,其中,交互、动机、参与度、自主学习、情感体验、创新能力、学习气氛等是一些研究中经常提到的关键词,这足以显示积极学习空间对学生的价值。未来教室将传播学、心理学、空间设计、教学论、科学技术等相关理论有机融合在一起,构建出更适合学习者进行知识探索的优化学习环境。

五、未来评价新模式

趋势一:素养导向的评价升级

素养导向的学习评价需要更新教育评价观念,注重对正确价值观、必备品格、关键能力的分析,开展综合素质评价。倡导评价促进学习的理念,注重提高学生自我评价、自我反思的能力,引导学生合理运用评价结果改进学习。素养导向的学习评价创新了评价的方式,倡导基于证据的评价,注重动手操作、作品展示、口头报告等多种方式的综合运用,关注典型行为表现,推进表现性评价。素养导向的学习评价积极探索增值评价,注重对学习过程的观察、记录与分析,关注学生真实发生的进步。素养导向的学习评价倡导协商式评价，加强对话交流，增强评价双方自我总结、反思、改进的意识和能力。

趋势二：基于大数据的智能评价

大数据与互联网技术将使教育评价在评价依据、评价主体参与、评价内容、评价发挥的作用等方面实现转变。未来教育将建立以学生为中心的教育测量与评价体系，如开展基于大数据技术的教育决策；进行嵌入学习过程的伴随式评价；形成学校、教师、学生、家庭、社区等多元主体参与的协同评价；建立以学生核心素养发展为导向的教育评价内容体系；使用科学的、有针对性的、智能化的评价技术；利用技术工具测评学生的知识结构、情感结构、能力倾向、个性特征；采用基于互联网的适应性评价，提供个性化、可视化的反馈。

趋势三：数据驱动的精准评价

基于知识图谱的个性化学习评价就是一种数据驱动的精准评价。在使用知识图谱进行可视化教育评价方面，通过知识图谱显示学生在课内和课外学习各个知识点的情况，从中可以看出学生掌握知识点的情况，可以看出学生的知识点在课内和课外学习过程中是通过怎样的一条学习路径获得的。对知识点进行颜色标注，可以清晰直观地看出学生已经掌握的知识点、尚未学习的知识点、尚未达到课程标准要求的知识点，达到课程标准要求的知识点和超过课程标准要求的知识点，进而能够使教师及时掌握学生的学习情况，为学生提供有针对性的反馈和个别化的教学指导。

趋势四：大数据支持的综合评价

利用大数据进行综合素质评价形成学生数字画像就是一种大数据支持的综合评价。我国传统的教育评价主要是基于学生学业成绩的量化评价，单一的评价内容限制了学生的学习方式，影响了学生综合素质的发展。综合评价主要使用形成性评价和总结性评价相结合的方式。形成性评价是指教师在教学过程中及时、动态、多次地对学生实施的评价，它注重及时反馈，以强化和改进学生的学习。综合评价根据数据积累形成学生的数字画像，帮助学生自主诊断并促进学生自主发展。

趋势五：嵌入过程的伴随式评价

嵌入过程的伴随式评价通过将移动检测设备收集到的数据传输到学生体

质健康测试管理系统,使得学校与教师都能够及时了解学生体质,针对学生体质制定相应的改善方案,使学生健康成长。目前应用于体质检测的智能设备大多属于智能穿戴设备类型,其将传感、识别、连接、云服务等技术综合嵌入人们的手表、眼镜、戒指、服饰等日常穿戴设备中,实现日常穿戴的智能化。智能穿戴设备具备对学生的运动状态和生理指标进行实时监控的功能,如运动轨迹的追踪、能量消耗的判断、运动步数和时间的精确统计、睡眠时间和质量的科学分析等。由于能够实现对个体的智能化识别、跟踪、定位、监测和管理,智能穿戴设备在学校体育教育、学生体质检测和评价、学生体质预测和警示等方面有非常广阔的应用前景。它是学校健康教育的移动终端,可以实现并完成体育成绩的测试、学生体质的变化检测、体质的预测,以及提醒学生、家长、学校采取适当的方式跟进。

趋势六:模拟环境下的技能测评

虚拟现实技术和增强现实技术的出现,能够为学生提供更加仿真的学习环境。这两种技术不仅能够用于教学和实验,还能够用于学生技能和动手实践能力的测评。增强现实技术是虚拟现实技术的延伸,它可以用来模拟对象,让学生在现实环境中看到虚拟生成的模型对象,而且这一模型可以快速生成、操纵和旋转。基于增强现实技术的模拟空间能够将抽象的学习内容可视化、形象化,能够为学生提供真实的情境,提升学生的存在感、直觉和专注度,支持学生与学习对象发生类似真实环境中的交互,让学生获得真实的交互体验。使用虚拟现实技术和增强现实技术创建的模拟环境极大地支持了各学科教学和场馆学习,在数学、物理、化学、英语、生物、医学、工程教育、职业培训、军事和飞行员培训、技能测评等方面都有所应用。

六、未来教师新素养

趋势一:专业创造素养

在未来,教师专业自觉、专业创造的能力与素养将成为评估教师是否具备专业活力的重要指数,主动、探究式、项目化的学习方式将越来越多。促进学生学习方式向交互性、情境性、连续性转变,促进学生主动、深度、跨界学习,让学生在积极体验中学习知识、养成个性、形成能力将成为教师专业发展的一个核心导向。

为了能够在瞬息万变的技术变革中成为优秀的教育工作者,教师必须致力于成为专业成长的自主学习者。教师要充分了解学科发展的前沿,把握解决问题、创设情境所需的跨学科知识的发展脉络与趋势,充分认识学生认知、情感与行为的发展状况并积极应对学生学习的挑战。同时,教师要及时总结反思自身的专业发展情况,在教学实践中实现教学内容、方法与信息技术、教学策略的有机结合,持续激发学生的学习兴趣,在学生的成长中实现自身的专业成长。

趋势二:数字化应用素养

未来教师的数字化素养包括数字化的知识结构、数字化的技术能力、数字化的教学能力、数字化的教育教学研究能力。从教学活动角度来看,未来教师不仅仅是知识的传授者,更要设计多样化的课程,开发数字学习资源和相关评估工具,创设多样化、满足不同学生学习能力发展需求的数据化的学习环境。从学生角度来看,未来教师要给予学生学习方法的指导,实现真正意义上的因材施教;要鼓励学生使用数据化工具,开展以探究和解决问题为主的学习;要全面发展不同学生的信息化学习能力和创新思维能力。从专业发展角度来看,未来教师要在信息社会里具有数字化学习和工作的能力,具备信息技术、信息化学科教学法的知识,能够将新技术与知识迁移到教学情境中,能够利用信息技术开展协作化的教学。

趋势三:跨学科教学素养

未来学习要培养学生的跨学科素养,这就要求未来的教师不仅要系统掌握本学科、本专业的知识,而且要有意识地提高自身跨学科的知识与素养;不仅要形成知识的整体观,准确地把握不同学科知识的内在关联,从学科相联系、相交叉、相渗透之处提出并探究具体的问题,而且要将知识的学习与学生所处的真实情境(包括时事政治、经济发展、科技动态、乡土人情等)建立关联。

趋势四:终身学习素养

专业素养是教师的看家本领,是教师赢得学生尊敬的前提条件之一,教师的专业素养需要在教育教学实践中不断锤炼完善,终身学习是提升教师专业素养的必由之路。

人工智能时代,由于学生同时在真实和虚拟世界中学习,教师将与虚拟学习代理人一起承担学习领航员与指导者的角色。为满足学生的个性化需求,为学生量身定制终身和基于需求的学习计划,并根据其需求随时自动更新学习计划,教师与学生、虚拟代理人构成学习共同体,共同围绕学生的学习目标、任务、内容、方法,全程参与和指导学生的知识掌握、问题解决与知识创新。

趋势五:情感沟通素养

教师的共情能力与情感沟通素养是人工智能难以取代的情绪价值。随着"人工智能+教育"的不断深入发展,人工智能在知识传授等方面逐渐开始替代教师的职能。

但教育的育人本质要求教师不仅仅教授给学生通识性知识、培养学生的一般能力,更重要的是培养学生作为人类所特有的、有别于人工智能的思维能力。未来教师要给予学生人工智能无法在情感方面给予学生的关照,给予学生有温度的教育。未来教师不只是要做教学的"师傅",更要做读懂学生的"分析师",具备促进学生健全人格、独立意志、道德情操等养成的情感沟通素养。

七、未来学校新图景

趋势一:教育新理念——为个性化学习服务

未来学校很重要的教育理念就是以学生为中心,为学生的个性化学习服务。这体现为以下几方面:(1)学习空间灵活、智慧、可重组,突破班级概念,根据学生优势与能力跨级、混龄分班;(2)学习方式主动、深度、无边界;(3)课程体系个性、联结、跨学科,打破固定课时,按需实施个别化学习。课程与真实生活相关,家校互通、生涯定向、学以致用。然而,个性化并不意味着拥护个人主义,《2050年教育宣言:学会融入世界》指出,教师需要培养学生乐于融入集体的性格,使学生乐于助人、善解人意,拥有良好的人际关系。

趋势二:学制新突破——创新人才贯通培育

未来学校是系统性变革,可以在突破学制方面集成创新、先试先行,回应国家教育综合改革关于创新人才贯通式培养的任务要求,面向国家重大战略需求,构建各类教育相互衔接的"立交桥",满足人们对教育选择的个性化、多样化要求,探索全周期、全过程、全方位的创新人才培养模式。

趋势三:管理新模式——基于教育数据治理

随着物联网、大数据、泛在网络、云计算等新一代技术的普及应用,教育管理的变革已经在各个领域潜移默化地发生,为教育管理信息化提供了新的发展机遇,推动着教育管理逐步走向数据治理的智慧管理模式。未来数据治理的智慧管理主要表现在:(1)管理业务全面数字化、可视化;(2)教育与教学管理的实时监控、安全预警;(3)面向过程、基于数据开展远程督导;(4)学校管理自动化;基于大数据决策;(5)提供智能推荐、精准服务;(6)家、校、企三方合作;(7)学校组织管理扁平化。

趋势四:学校新结构——虚拟与现实融合学校

未来学校是一种虚实结合的复合体。虚拟学校是一个全体民众共建、共享、共治的教育平台,是社会的基础设施,像空气一样可以免费使用,实现了基本教育资源的免费供给。实体学校与虚拟学校配合,教学服务主要是组织学生进行深度学习,开展实践、体验、创造、合作、沟通交流等。

趋势五:超越物质世界——走向教育元宇宙

元宇宙(Meta verse)可被理解为一种由计算机创造的"超越物质世界的无限宇宙空间"。元宇宙技术层面的核心特质是无限持久性、广域并发性、去中心化的泛在同步性与互操作性。元宇宙学习的未来图景:学习走向全要素融合,学习环境从"人—景"融合走向深度契合,学习彻底突破时空局限,技术赋能,助力所想即所得。教育元宇宙的育人价值:一是体验;二是能力,涉及想象力、游戏力、交互力、共生力、跨界力等;三是评价。

访谈录：问题化学习的本来与未来

2023 年 8 月，中国教育学会发布了"2022 年基础教育国家级教学成果奖"评审结果分析，其中指出，一等奖成果《问题化学习 20 年：学与教的变革》持续扎根课堂教学探索，深耕教学一线，聚焦课堂转型，形成了适用各学科的实践模型，并在全学科、全学段进行推广，解决了学科教学普遍存在的难点问题，实践成果丰富，育人成效显著。

已经到了本书的结尾，有必要通过对五个问题的解答，来回味问题化学习的本来，探索问题化学习的未来。

问题一：问题化学习的初衷是什么

问题的发现与解决是人认识世界最一般的形式。然而，学校教学由于知识传授的需要一定程度上迷失了学习的本义，背离了知识产生的过程。尤其是学科课堂教学长期难以兼顾"知识体系建构"与"学生问题探究"，导致学与教的方式改变困难。教师日常教学优先落实"双基"，较少关注素养培育，导致学生学习内动力不足。学生问题解决的过程缺乏系统性，难以建构学科知识体系，导致学习经验断裂化与学科知识碎片化。

如果一个学生不能自己去提出问题，所有的问题都来源于教师的话，他就会找不到学习的意义。问题化学习就是用有层次、结构化、可扩展、可持续的问题系统贯穿学习过程，整合各种知识，使学生从"学会"走向"会学"。

问题二：问题化学习的关键词有哪些

问题是学习的基本载体，发现与解决问题是人类学习永恒的主题。问题化学习不仅要提问，而且要追问；不仅要追问，还要聚焦核心问题，建构问题系统，合作解决问题。学习要经历的就是源源不断的问题所迸发的智慧、热情与生命冲动。

1. 一个基本理念

以学习为中心的问题化学习方式，重点不在于通过教师来设计质量优良的教学问题,而在于发展学生"自主发现并提出问题、学会追问并持续探索、学会甄别并聚焦核心问题、学会自主建构问题系统、学会合作解决问题、学会自主规划及反思问题"的自建构学习系统。

2. 三对核心元素

三对核心元素是指"提问与追问""问题与问题系统""学习者与学习共同体"。这些核心元素又构成了三位一体的问题解决系统与学习生态系统。

3. 主要过程方式

与一般意义上的基于问题的学习不同,问题化学习的显著特征是通过一系列的问题来引发持续性学习的活动。它要求学习活动以学习者对问题的自主发现与提出为开端,用有层次、结构化、可扩展、可持续的问题系统贯穿学习过程和整合各种知识,通过系列问题的解决,实现知识的整体建构、学习的有效迁移、核心素养的逐步形成。

4. 三位一体首要原理

问题化学习以学生的问题为起点、以学科的问题为基础、以教师的问题为引导,三位一体聚焦核心问题。

5. 关键特征与实现形式

建构问题系统是问题化学习的关键特征,其实现形式包括问题系统化、系统图式化、图式可视化。

6. 五大能力结构

五大能力结构是指问题的发现力、问题的建构力、问题的解决力、问题的反思力、问题化学习的设计力。

7. 六会操作体系

六会操作体系是指学会提问、学会追问、学会判断核心问题、学会建构问题系统、学会合作解决问题、学会规划与反思。

8. 课堂生态系统

激活的关键在于提问,持续的关键在于追问,平衡的关键在于三位一体(统筹学生、学科、教师的关系),成为整体的关键在于聚焦核心问题(抓住主要矛盾),关联的关键在于建构问题系统(使得整体大于部分之和),共生的关键在于形成学习共同体(开展师生、生生互动),成长的关键在于规划与反思(实现自我教育)。

问题三：回顾 20 年变革之路，有哪些启示

2002 年至 2010 年，研究团队进行了学习变革的路径探索。这一阶段主要进行了问题化学习实践模型的本土探索。国际 PBL 模式（基于问题的学习）天然地适用于综合探究类课程，但当我们尝试将其运用到学科教学时，所遇到的主要困难是学生在问题解决的过程中难以有效建构学科知识体系。于是，我们转换问题研究的视域，从单个问题走向系列化问题的解决，拓展问题范围使其适用于不同知识领域的学习。我们于 2002 年提出问题化学习的概念，在 2003年立项国家青年基金课题，通过自主探索，采用理论假设、实践验证的方式，形成了问题化学习的变革路径与实践模型。通过提问、追问、建构问题系统，学生在持续性问题解决中有效建构学科知识体系，既发展了解决问题的高阶思维，又实现了学科知识与活动经验双重结构化，使得学科课堂得以转型。

2011 年至 2015 年，实验学校进行了教学变革的体系构建。这一阶段主要进行了支持问题化学习的教学变革实践体系探索。六大场域支撑起教学变革的学校实践体系。多年研究之切身体会，如果不能深入学科教学，课堂改革走不进；如果没有教师转变，课堂改革走不动；如果缺乏课程视野，课堂改革走不开；如果未能立足育人，课堂改革走不远。问题化学习多年探索确实立足了课堂主阵地，但我们仍不可避免地经历了学校教育几乎所有领域的挣扎与实践。如果说第一阶段探索经历了问题化学习方式自身的发育和完善，这一阶段则建构了支撑课堂变革的学校实践体系，包括实现自建构的学习、实践自组织的课堂、实施自适应的课程、成长自教育的学生、发展自驱动的教师、建设培育问题化学习者的学校。

2016 年至今，"所校盟一体"进行集成创新的全面推广。这一阶段主要进行了实践的集成创新，实现了成果的全面推广。由点到面，母体校全学科推进、日常教学实施。研究所组织 41 个教师工作坊，全国 59 所实验基地，十大省际学校联盟进行全学段推广。"所校盟一体"基础上，"教研修一体"进行实践，通过学生学习成效、教师专业发展实验数据多轮验证，形成了学科、学校、学段多层面持续迭代优化的系统实践成果。"所校盟一体"形成成果推广的有效机制。这些系统实验得益于 2015 成立研究所，2016 年创办成果推广转化的九年一贯母体校，把 12 年课题研究成果，放在一个真实而复杂的学校情境中进行全要素

的系统实验,集成创新转化为可靠、可移植的经验,同时辐射到加盟实验校。研究逐渐从原先的课题研究小试阶段,走向"所校"中试及"区域联盟"大试阶段。

问题四:问题化学习还有哪些未尽之事

问题化学习 20 年研究虽获得了较为丰硕的成果,也取得了较好的实践效果,但也存在不足。未来探索主要包括三方面:一是在成果进一步推广中,从教师发展、教研推进、学校综合改革等方面形成更完整的推广体系;二是在数字化转型背景下,探索基于大数据的问题化学习评价关键技术研究,借助人工智能技术满足个性化学习需求;三是在立足本土的同时,立志于在国际比较的视野中进行 30 年循证实践。

不少参与实验的教师坦言,比学生提不出问题更难的是教师自身的转变。课堂开放之后,如果教师不能聚焦核心问题,整堂课就可能被学生碎片化的"问题泡沫"包围,从而影响教学效率。这意味着教师要比平时多付出三至四倍的精力,去精心设计和引导学生的自主学习。湖南省长沙市雨花实验中学教师王丹在"问题化学习"公众号撰文:"2017 年,我校引进问题化学习理念。在学习中,我了解到问题化学习的特点是基于问题系统优化学习,强调系列问题的持续解决,以学习为中心。对问题化学习,我的第一印象就是以学生的问题为起点,因此,让学生发现问题是课堂教学的关键。问题化学习强调以学生的问题为起点,倒逼着教师思考如何引导学生发现问题。正是在常态化课堂中不断渗透方法指导,让学生的问题意识完成了从无问到乱问再到善问的进阶成长,支持和促进学生主动学、持续学、深度学。在问题化学习中,核心素养藏在问题的发现与解决里。反思过去的教学,我更多关注的是教师教什么、怎么教,对学生学什么、怎么学思考得较少。这样的课堂多是被教师牵着走,学生几乎没有问题,缺少主动探究意识。问题化学习的学习力包含五方面,目前我主要是对发现力进行了较多的探索,就学生的能力发展而言,仅仅发现问题是不够的,提升问题的建构力和反思力将成为我后期探索的重点。事实上,让学生聚焦核心问题,建构、完善问题系统,监控认知,也能有效提升其问题解决力。教学关注的不仅仅是知识获得,更重要的是产生知识的思维过程。要让广大的教师去践行,还有很多的工作要做。"

问题五:问题化学习是在追求理想,还是说体现了一种执念

问题化学习只是通往未来理想教育的一条路径,我们不希望人们将它当成

一味"万能药"。澳大利亚墨尔本大学教授约翰·哈蒂等人在《可见的学习：对 800 多项关于学业成就的元分析的综合报告》一书中指出，影响学生学业表现的诸多变量包括教师、课程、教学、家庭、学校、学生自己等。透过这些主要变量，我们可以发现次级、更次级的更多变量。而所有的实证数据无不在告诉我们一个事实，学校教育是一个复杂而庞大的系统，学校和教师的每一个行为都很关键，每个学生的学习都值得敬畏。由此，在这样复杂的教育系统和学习个体面前，任何所谓的"万能药"本身一定是不严肃、不科学的。20 年来，问题化学习始终坚持在复杂的学校教育大系统中去解决最常见的"教与学"的问题，让师生的学习真实发生，以此转变学校育人和质量增长方式。在这一行动研究中，我们逐步形成了"问题导向、目标导向、创新导向""聚焦学习、扎根课堂、立足本土、整合创新"的原则和策略。我们始终强调，不限于特定的理论，不囿于固定的模式，立足学习科学，汲取中外智慧，优化教学方式，提升育人质量。事实上，发现、支持与成就不一样的学习者，不仅是问题化学习追求的理想目标，也是 20 年探索的经验、教训对我们这群人的教育——每个学生、教师和学校的问题都不同，这些不同的背后既有普遍规律，又有其独特性。我们要做的就是深刻把握普遍规律，然后尊重差异，基于差异，灵活施策。《中共中央 国务院关于深化教育教学改革全面提高义务教育质量的意见》提出，要"优化教学方式""坚持教学相长，注重启发式、互动式、探究式教学""融合运用传统与现代技术手段，重视情境教学""探索基于学科的课程综合化教学，开展研究型、项目化、合作式学习"。这充分说明教育教学没有"万能药"，问题化学习不是，任何单一的学习方式或教学模式也不是。

图书在版编目（CIP）数据

学与教的变革：问题化学习20年 / 王天蓉，徐谊著. —
上海：上海教育出版社，2023.12
（上海教育丛书）
ISBN 978-7-5720-2403-0

Ⅰ.①学… Ⅱ.①王… ②徐… Ⅲ.①基础教育 – 教育研
究 – 上海 Ⅳ.①G639.2

中国国家版本馆CIP数据核字(2023)第243860号

责任编辑　杜金丹
封面设计　郑　艺

上海教育丛书
学与教的变革：问题化学习20年
王天蓉　徐　谊　著

出版发行　上海教育出版社有限公司
官　　网　www.seph.com.cn
地　　址　上海市闵行区号景路159弄C座
邮　　编　201101
印　　刷　上海展强印刷有限公司
开　　本　700×1000　1/16　印张 15.25　插页 3
字　　数　241 千字
版　　次　2024年1月第1版
印　　次　2024年1月第1次印刷
书　　号　ISBN 978-7-5720-2403-0/G·2132
定　　价　48.00 元

如发现质量问题，读者可向本社调换　电话：021-64373213